인생의 행복과 성공은 孝에 달려 있다

인생의 행복과 성공은 孝에 달려 있다

인간의 길 孝의 道

초판 1쇄 **인쇄** 2021년 3월 26일
초판 1쇄 **발행** 2021년 3월 31일

지은이 효도 고영기 박사
펴낸이 이재욱
펴낸곳 ㈜새로운사람들
디자인 오신환
마케팅 관리 김종림

ⓒ고영기, 2021

등록일 1994년 10월 27일
등록번호 제2-1825호
주소 서울특별시 도봉구 덕릉로 54가길 25(창동 557-85, 우 01473)
전화 02-2237-3301
팩스 02-2237-3389
이메일 ssbooks@chol.com
홈페이지 http://www.ssbooks.biz

ISBN 978-89-8120-617-8 (03810)

*책값은 뒤표지에 씌어 있습니다.

인생의 행복과 성공은 孝에 달려 있다

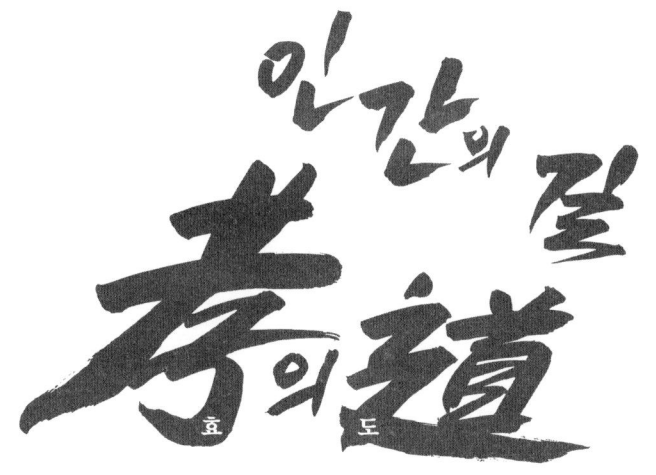

인간의 길
孝의 道

효도 고 영 기 박사

새로운사람들

<책머리에>

다시 되새겨야 할 효(孝, HYO)의 의미

인간은 누구나 행복과 성공을 추구한다. 그리고 돈과 권력이 있으면 그 꿈을 이룬 것으로 생각한다. 그러나 진짜 행복과 성공은 가까운 사람에게 잘하는 것, 다시 말해 자기를 낳아주고 키워준 분에게 효(孝, HYO)를 행하는 데 있다.

나만 해도 집안 형편이 넉넉하지 못했다. 일찍부터 생활전선에 나서서 주경야독해야 함에도, 대학에 집착하여 아주 어렵게 늦은 나이에야 대학을 졸업했다. 그 이후에도 전공을 쫓아 한 길로 가지 못하고, 직장을 이곳저곳 옮겨 다니다 보니 전문가도 되지 못한 채 방황하면서 살아온 것 같다.

중학교 때까지는 증조할머니가 살아계시던 대가족이었고, 6남매가 있는 집안의 장남으로 살았다. 할 일이 태산같이 많은데도 가족을 생각하지 않고 나만 생각하며 살아왔다. 돌이켜보면 의욕만 앞섰지 목표를 정해 한 우물을 파지 못했다.

그래서 지금 생각하니 노력한 것에 비해 바람직한 열매를 거두지도 못했다. 지금 와서 과거를 돌이켜 보니 아쉬움과 후회가 크다. 이유를 생각해 보니 내가 너무 나 자신만을 생각하며 효를 망각했기 때문이다.

이 책에서 나는 '효'를 한자어 '孝'와 영문 'HYO'로 썼다. 영문 HYO는

'Humanity between/of Young and Old'를 압축한 의미로 사용했다. 말하자면 효는 인도(人道)정신과 통한다. 나아가 孝와 인도정신은 실천하면 할수록 남을 배려하는 폭(幅)이 커진다. 그래서 가족과 이웃을 배려하고, 나아가 사회, 국가, 지구 가족을 배려하는 정신이 효로부터 우러나오게 된다.

인도(人道)란 무엇인가?
인도는 인간의 생명을 존중하고, 인간의 존엄성을 인정하며, 모든 사람이 평등한 위치에서 조화롭게 공존·공영의 삶을 함께 누려야 한다는 정신이다. 다시 말해 사람답게 서로 대우하면서 함께 잘 살아야 한다는 뜻이다. 그러면 마음속 깊은 곳에서 인간에 대한 사랑과 신뢰의 꽃이 피어나고, 긍정과 낙관의 정신으로 열매 맺게 된다.

孝(HYO)는 노인과 젊은이, 남자와 여자, 진보와 보수, 직장에서의 상사와 부하, 집안에서의 남편과 아내, 부모와 자식, 물질과 정신 간의 조화를 통한 인도(人道)의 실천이다. 다시 말하면 인(仁)의 정신이다.
孝의 정신이 희박한 사람일수록 남을 배려하는 폭도 좁다. 孝와 인도정신이 없으면 국제화가 되더라도 국수(國粹)주의자가 되기 쉽고, 이기적인 민족주의(民族主義)와 편협한 지역이기주의(地域利己主義)에 머무르기 쉽다. 타인에 대한 배려 없이 우리 가족만 앞세우고, 그것이 지나치다 보면 나중에는 가족조차도 필요 없고 자기밖에 모르는 극심한 이기주의자가 되기도 한다.
지금까지 내가 행복한 가정과 성공한 개인을 연구해보니, 모두 효를 실천한 가정과 개인들이었다. 각 분야에서 성공한 동서고금(東西古今)의 지도자들의 공통점도 인도정신을 실천하는 사람들이었다. 자신의 인도(人道)정신을 밑바탕으로 해서, 인간의 고통을 경감시키고, 타인의 생명을 보호하며, 평화에 이바지하는 공통점이 있었다.

내가 이 책을 쓰게 된 동기는 오직 한 가지다.
나를 키워주시고 당신의 한평생을 바쳐 오직 손자의 성공만을 바라며 살아오신 할머니를 생각하며 불효에 대한 후회와 죄책감으로 이 책을 썼다. 그래서 나처럼 뒤늦게 후회하는 불효에 빠지지 않도록 이 책을 읽는 가족과 주변 사람들, 그리고 독자에게 교훈을 주기 위해서다.
나처럼 뒤늦게 후회하는 불효에 빠지지 말고 살아계실 때 조금이라도 깊이 정을 나누면 좋겠다.
자신을 낳아주고 키워준 분에게 인간으로서 가장 기본적으로 행하여야 할 효를 행하지 않고 행복과 성공을 바라는 것은, 헛된 꿈을 꾸는 것이나 마찬가지다. 행복과 성공의 가장 기본적인 조건은 부모님과 그 부모님을 있게 한 할머니 할아버지에게 인간의 본분인 효를 다하는 것이다.
지금도 많은 사람들이 허황한 꿈만 쫓아다니다 불효의 나락에 떨어지고 있다. 욕망만 뒤쫓다가 날개가 불에 타서 땅에 떨어져 죽고 마는 덧없는 '이카루스'가 되어서는 안 될 것이다. 인간의 진정한 행복이란 무엇일까? 이 어려운 질문 앞에 나는 항상 한 구절이 떠오른다.
"불효부모 사후회(不孝父母 死後悔)"

더 소망이 있다면 '홀로족'이 만연해 가는 이 불확실한 시대에도 "효는 언제나 모든 것의 근본이 된다."는 명제가 결코 퇴색하지 않으리라 생각한다. 나아가 이 사회에서 "효는 성공의 지름길"이 되리라 확신한다.
그래서 이 책이 효가 메말라 가는 이 시대 상황에서 효를 실천하면 행복과 성공의 주역이 될 수 있다는 진리를 독자의 가슴에 심어주길 바라는 마음이다. 다시 말해 가까운 사람에게 효를 행함으로써 행복하고 건강한 가정, 사회, 국가를 건설하는 데 도움이 되길 바란다.

 이 책이 나오기까지 수고해 주신 새로운사람들 이재욱 대표와 윤재훈 박사에게 깊은 감사를 드린다.
 마지막으로 이 책이 나오게끔 지하에서도 나를 응원하고 계실 할머님 영전에 이 책을 바친다.

2021년 봄
지은이

차례

다시 되새겨야 할 효(孝, HYO)의 의미 | 4

1장 효행의 리더십 | 15

할머니 회상 | 16

탐험가 새클턴의 '위대한 실패' | 17

제1회 노벨평화상, 앙리 뒤낭 | 21

    사상적 가치 | 23

    문학적 가치 | 24

    박애주의 실천 | 25

제임스 가필드 대통령과 어머니 | 27

요(堯)임금과 왕비의 덕행 | 30

개나리꽃 | 33

헬렌 켈러와 선연(善緣) | 35

그리움 | 37

아이젠하워 대통령의 소통과 포용력 | 40

링컨 대통령의 아버지 사랑 | 43
마쓰시다 회장의 긍정의 힘 | 47
록펠러의 새로운 인생 | 51
조지 워싱턴 대통령의 어머니 | 55
빌 게이츠 어머니의 편지 | 58
  빌 게이츠의 여동생이 대신 정리한 '손주들에게 쓴 편지' | 59
  빌 게이츠의 어머니가 암 투병 중에 며느리에게 쓴 결혼 축사 | 60

2장 가정이 편해야 | 65

그리운 할머니 | 66
'있을 때 잘해!' | 67
세 가지 복 받는 방법 | 72
아버지 맥아더의 기도 | 76
부부 사랑과 자녀교육 | 80
할머니는 배부르다 | 81

긍정과 낙관으로 행복 만들기 | 83
할머님 회상 | 85
어린 카네기에게 배우는 지혜 | 87
시할머니는 간장 전문가 | 89
부부 사랑으로 일군 명문 가계 | 92
부모와 자식 간의 신뢰 | 95
나를 슬프게 하는 것들 | 98
할머니 | 100

3장 효, 행복의 길 | 103

행복은 가장 가까운 사람에게 잘하는 것 | 104
관계가 좋아야 행복한 인생 | 105
불효자, 부모가 만든다 | 109
독을 없애는 삶 | 112
위기극복과 효 교육 | 115

숙종 임금이 살펴본 행복 | 119

애타게 그리운 할머니 | 121

리더의 덕목은 '경청' | 123

이튿학교의 교육 | 127

행복의 시작은 가정 | 130

공자와 효 | 134

우리에게 꼭 필요한 효 리더십 | 137

    인도주의, 사랑과 봉사정신이다 | 137

    인도주의 정신 구현에 필수적인 '신뢰' | 138

    미국 제39대 대통령 지미 카터 | 139

    레이건, 부인과 자녀부터 감동시켜 | 140

4장 내 안의 할머니 | 143

할머니는 나의 성공의 어머니 | 144

추억 | 145

늙지 마시라　　| 147

　정화수　　| 150

　할미꽃의 슬픈 이야기　　| 153

　밥상머리 교육　　| 156

　위대한 할머니　　| 158

　할머니의 무한한 은혜　　| 162

　보이지 않는 도움　　| 165

　손맛　| 167

　나의 수호신　　| 172

5장 나의 소명　| 177

　할머니의 사랑　　| 178

　꿈을 이루는 데 너무 늦은 나이는 없다　　| 179

　행복　| 182

　안창호 선생의 웃는 얼굴　　| 184

김구 선생의 지고한 효심 | 187
    할고(割股)의 고통 | 188
    평생을 독신으로 | 189
    뒤늦게 발견한 효의 진리 | 190

이규보 선생과 공정한 사회 | 192

노년에 대가가 된 사람들 | 196

후회 | 200

삶이 그대를 속일지라도 | 202
    삶이 그대를 속일지라도 | 202

새해를 맞이하며 | 204
    내 무덤 앞에서 울지 말아요 | 204

눈 내리는 창밖을 보며 | 206

효(孝)와 웰 다잉(Well-Dying) | 208

내 인생의 소명은 효(孝) 전도사 | 213

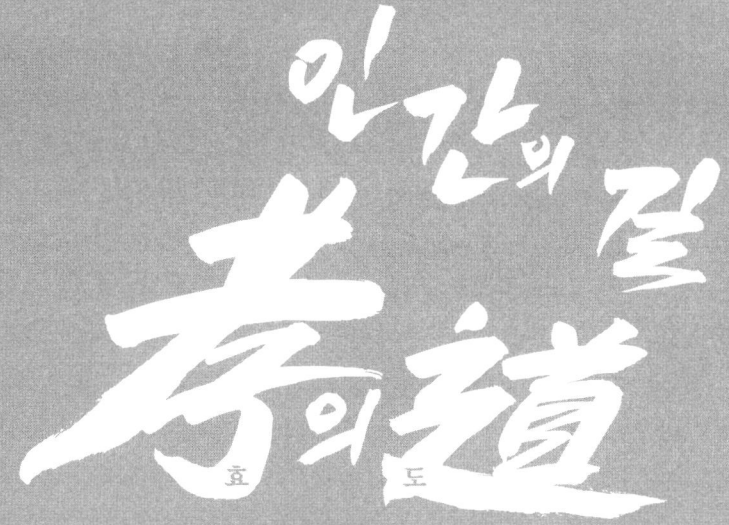

1장 효행의 리더십

할머니 회상

항상 마음속 깊이 자리 잡은
할머니 생각으로 '할머니 회상'이라 쓰고
시를 써 보겠다는 상념으로
할머니 생전의 먼 과거로 시간여행을 해본다.

지금까지 속절없이 보낸 세월이
너무 한이 되어
불효 손자의 눈에는 눈물만 고인다.

시간을 되돌려
과거와 현재를 바꿀 수 있다면
나에게 그보다 큰 행복은 없을 거야.

쓰려는 시는 나오지 않고
주책없이 눈물만 왈칵 솟는다.
에라, 모르겠다.
시 대신 '그리운 할머니'라 적는다.

탐험가 새클턴의 '위대한 실패'

최초로 남극대륙 횡단을 시도했던 영국의 탐험가 어네스트 새클턴(Ernest Shackleton)의 세 번째 남극대륙 횡단을 위한 원정 이야기입니다.

1914년 8월 영국의 탐험가 새클턴은 미지의 남극대륙을 횡단한다는 야망을 품고 27명의 대원과 함께 '인듀어런스(Endurance)'호에 올랐다. 그러나 목적지를 코앞에 두고 갑자기 밀려오는 수백만 톤의 부빙(浮氷, 물 위에 떠 있는 얼음덩이) 때문에 배는 산산조각이 났고, 이때부터 목숨을 건 사투가 시작된다.

얼음덩이 위에서 펭귄을 잡아먹고 썰매를 끌던 개도 잡아먹으며, 1년을 버틴 끝에 '엘리펀트(Elephant)'라는 작은 섬에 도착한다. 그러나 그 섬은 먹을 것 하나 없는 불모지였다.

새클턴은 5명의 대원과 함께 작은 보트를 타고 구조를 요청하기 위해 섬을 떠났다. 남은 사람들에게는 다시 돌아올 것을 굳게 약속했다. 집어삼킬 듯 밀려오는 얼음덩이와 무서운 소리로 울부짖는 범고래, 그리고 거센 소용돌이와 싸우며 17일 만에 포경기지에 도착했다. 여기서 양식을 구한 후 숨 돌릴 사이도 없이, 다시 섬에 남아 있는 22명의 대원을 구출하기 위해 출발했다.

그러나 번번이 배가 섬에 접근할 수 없어서 돌아섰다. 세 번째 배까지 실패하고 네 번째인 '옐코'호를 타고서야 마침내 그들을 구조하게 되었다. 길은 여전히 막혀서 여러 날을 기다렸지만 어느 날 기적처럼 뱃길이 트였다. 그곳을 떠난 지 거의 넉 달 만이었다. 그야말로 눈 깜짝할 사이에 대원들을 구출하여, 안전지대로 나온 후 대장이 물었다.

"당신들은 어떻게 그동안 내가 올 줄 알고 기다렸소?"

그러자 한 대원이 대답했다.

"우리는 대장이 반드시 올 줄 알고 있었소. 왜냐하면 대장은 그럴 분이니까요. 우리는 아침마다 배낭을 메고 떠날 준비를 하며 기다리고 있었소."

새클턴은 비록 남극대륙 횡단에는 실패했지만 그의 대원 27명 전원이 무려 634일 만에 무사 귀환했다는 것은 그야말로 기적이었다. 그래서 사람들은 그의 실패를 '위대한 실패'라고 말합니다.

새클턴이 남극으로 출발하기 1년 전인 1913년 빌흐잘므르 스테팬슨이 이끄는 캐나다 탐험대가 '칼럭'호를 타고 북극 탐험에 나섰으나, 이들은 탐험 도중 빙벽에 가로막혀 고립되는 상황과 맞닥뜨렸습니다. 극지에서는 언제나 있을 수 있는 일이었습니다.

1년 후 새클턴이 겪게 될 상황과 똑같았습니다. 캐나다 탐험대는 북극에 고립된 지 수개월 만에 야수처럼 변했고, 거짓말, 속임수, 도둑질 등 극한 상황에서 인간이 보여줄 수 있는 밑바닥 정서를 그대로 드러내 11명의 대원 모두 처참한 최후를 맞이했습니다.

새클턴을 비롯한 대원들은 남극대륙 횡단 원정길에 일기를 남겼습니다. 언제 죽을지 모르는 혹한 속에서도 그들이 남긴 일기 한 토막을 인용해 보고자 합니다.

새클턴의 일기 내용(앞)과 대원 중 한 사람의 일기 내용(뒤)입니다.

어느 날 마지막 남은 비스킷 한 봉지씩을 대원들에게 나눠준 날 밤이었다. 모두가 잠이 들었는데, 나 혼자 잠을 이룰 수가 없어서 눈을 뜨고 있었다. 그런데 누군가가 살그머니 일어나더니, 자기 옆에 자는 친구의 비스킷 봉지를 끌어당기는 것이 아닌가! '친구의 것을 훔치려 들다니 이런 나쁜 놈이 있나?' 하고 소리를 질러 꾸짖으려고 하는 찰나, 그 사람은 훔쳐가는 것이 아니라 자기 봉지에서 비스킷을 꺼내 친구의 봉지에 넣고 있었다. 그날 밤 나는 밤새 잠을 이룰 수가 없었다. 흐르는 눈물 때문에……

새클턴은 은밀히 자신의 아침 식사용 비스킷을 내게 내밀며 먹으라고 강요했다. 그리고 내가 비스킷을 받으면 그는 저녁에도 내게 비스킷을 줄 것이다. 나는 도대체 이 세상에 어느 누가 이처럼 철저하게 관용과 동정을 보여줄 수 있을까 생각해 본다. 나는 죽어도 새클턴의 그러한 마음을 잊지 못할 것이다. 수천 파운드의 돈으로도, 결코 그 한 개의 비스킷을 살 수 없을 테니까 말이다.

아주 단순한 기록들입니다. 영하 30℃ 이하의 추위 속에서, 거대한 빙벽 앞에서, 수백억 원의 돈이 무슨 필요가 있을까요? 비스킷 하나는 바로 생명 그 자체이기도 합니다. 이 일기를 통해서 우리는 무엇을 배울 수 있을까요? 대원들을 살려야 한다는 리더의 희생정신과 책임감, 리더와 부하 간의 사랑과 신뢰가 보입니다. 최악의 극한 상황에서도 삶과 희망을 포기하지 않고, 서로 배려하고 격려하는 긍정과 낙관의 정신 등을 볼 수 있습니다.

위의 이야기는 인도(人道)정신을 실천하는 조직과 구성원들은 어떤 어려운 상황에서도 살아남을 수 있으며, 그렇지 않은 조직과 구성원들은 죽고 망할 수밖에 없다는 평범한 진리를 보여주고 있습니다. 다시 말해 지도자가 될 사람은 새클턴 대장과 같은 확신을 조직의 구성원들에게 심어 주어야 한다는 평범한 진리를 보여줍니다.

누구나 인생에서 성공하길 원합니다. 성공한 사람들에게 물어봤을 때 공통적인 대답 중의 하나는, "실패가 성공의 자본이었다."라는 것입니다. 인생에서 성공을 원한다면 먼저 자기 자신에게 이렇게 물어 보아야 할 것입니다.
"나는 성공을 간절히 원하고 추구해왔다. 나는 사랑·봉사·신뢰, 긍정·낙관의 정신인 효와 인도의 정신으로 살아왔으며, 어떠한 어려운 상황에서도 삶에 대한 용기와 희망을 잃지 않고 살아가고 있는가?"

제1회 노벨평화상, 앙리 뒤낭

앙리 뒤낭은 1828년 5월 8일 스위스 제네바에서 출생하였다.

아버지 장 자크는 부유한 사업가이자 제네바공화국 대의원으로, 제네바의 고아수용소 자혜국장(慈惠局長)을 역임하였다. 어머니 안 앙트와네트는 신앙이 깊은 캘빈 교도로, 그녀 역시 고아원 등에 대한 봉사에 힘썼다.

앙리 뒤낭은 부모의 영향을 받아 청소년기부터 환자와 가난한 사람을 돕는 데 힘썼는데, 그는 제네바의 빈민촌을 찾아가 봉사활동을 했으며 친구들을 모아 빈민구호단체를 결성하였다. 이 단체는 1852년 11월 30일 스위스 제네바에서 창설된 기독교청년회(YMCA)로 발전하였다.

1853년 스위스 뤼랑에소테은행에 입사하여 아프리카 알제리로 갔으며, 그곳에서 식민지 경영을 통해 막대한 이익이 창출되는 것을 목격하였다. 앙리 뒤낭은 미개지역의 개발을 통해 경제적 이익을 얻을 것을 꿈꾸며, 은행을 그만두었다. 그는 알제리에서 땅을 사들이고 제분회사를 설립하였지만, 그의 기대와는 달리 사업은 어려워지고 자금난으로 어려움에 처하게 되었다. 주변 친척들에게 도움을 요청했지만 그의 사업은 위험 부담이 크다는 이유로 거절당했다.

1859년 궁지에 몰린 앙리 뒤낭은 알제리를 식민통치하고 있던 프랑스 황제를 찾아가 도움을 청할 결심을 하고, 북이탈리아 전선에 머물며 오스트리아와 전쟁을 지휘하고 있던 나폴레옹 3세를 찾아갔다. 그러나 격전이 벌어지고 있던 터라 나폴레옹 3세를 만나지 못하고 돌아오는 길에, 솔페리노의 격전에서 발생한 수만 명의 사망자와 부상자를 목격하였다.

앙리 뒤낭은 자신의 사업목적을 제쳐두고 부상자 구호에 참가하였으며, 그의 인생이 사업가에서 사회활동가로 바뀌는 계기가 되었다. 1862년 그때의 경험을 『솔페리노의 회상』으로 출판하였으며, 여기서 앙리 뒤낭은 전쟁과 같은 극한 상황에서도 지켜야 할 인간의 존엄성과 인도주의적 가치에 대해 이야기하였다. 그리고 전시의 부상자 구호를 위한 중립적 민간기구의 필요성을 역설하였다.

이 제안은 유럽 각국으로부터 큰 호응을 받아 1863년 국제적십자(ICRC)가 창립되고, 다음해인 1864년 10월 26일 유럽 16개국이 스위스 제네바에서 적십자조약(일명 제네바조약)을 체결하였다. 전쟁터에서 부상자를 돌보는 것은 적군도 아군도 아니며 이들의 활동을 방해하거나 공격해서도 안 되고, 중립성을 인정한다는 내용을 명문화하였다. 흰 바탕에 붉은색 십자가를 새겨 넣은 상징도 만들었다.

하지만 알제리에서 벌여놓은 그의 사업은 점차 악화되어 감당하기가 어려워졌고, 그는 모든 재산을 잃고 엄청난 빚더미에 시달리게 되었다. 또한 국제적십자 조직의 내분이 일어나 앙리 뒤낭은 회장의 자리에서도 물러나게 되었다. 그는 가난하고 초라한 신세로 전락하고 최소한의 연금에 의지해서 살아가게 되었다.

1901년 박애정신과 평화에 기여한 공로가 인정되어 제1회 노벨평화상을 받았지만, 그의 생활은 나아지지 않았다.

1910년 10월 30일 그는 많은 사람들의 기억에서 떠난 채 스위스 하이덴에서 죽음을 맞이했다. 적십자 운동의 아버지라 불리며, 그의 생일인 5월 8일을 적십자의 날로 정하여 기념하고 있다.

사상적 가치

앙리 뒤낭의 사상적 배경은 무엇보다도 기독교의 박애정신이었다. 당시 제네바의 상류사회는 캘빈주의의 영향으로 극히 준엄한 인생관을 가지고 있었으며, 그들의 종교적·도덕적 이상을 박애사업에서 발휘하려는 풍조가 강했다. 스위스 국가의 세계주의적 경향과 앞에서 말한 바와 같은 사회풍조, 그 위에 양친의 감화 속에서 성장한 뒤낭은 어려서부터 종교적 감정이 풍부하였으며 자선활동에 열중하였다.

이러한 경향은 일생을 통하여 그의 모든 행동의 근저를 이루고 있었다. 또한 그의 기독교에 대한 열성이 어느 정도였느냐 하는 것은, 1855년 세계 YMCA 창설자의 한 사람이었다는 사실로도 충분히 알 수 있다. 또한 그는 적십자 봉사원을 가리켜 '참된 자비의 사마리아인'이라고 하여, 신약성경 누가복음 10장에 나오는 선행의 사마리아인에 비유하였다.

한편 1854년 크리미아전쟁 때 전장에서 부상병들의 간호에 헌신한 '플로렌스 나이팅게일'의 박애적인 행동은, 앙리 뒤낭에게 큰 감명을 주었다. 그리하여 "그녀의 영웅적이고 숭고한 희생의 전기는 역사의 기록 속에 영원히 남을 것이다."라고 그의 저서에서 말한 바 있다.

일생을 통하여 확고한 평화주의자였던 앙리 뒤낭은, 당시로서는 혁신적인 여러 가지 선구적 사상들을 주창한 바 있다.

그 중 일부는 오늘날에 와서 UN, 세계인권선언, UNESCO, ILO, WHO, 상설국제중재재판소, 군비축소 등의 형태로 구현되고 있어 그가 '예언가적 몽상가'였음을 실증하고 있다.

한편 노예제도 반대론자이기도 하였던 그가 1863년 제네바에서 발표한 논문 <회교국가의 노예제도>는, 미국에서의 노예제도 폐지에 결정적 영향을 준 스토우작 『톰 아저씨의 오두막집』으로부터 받은 감명의 소산이었다.

문학적 가치

『솔페리노의 회상』은 허구의 소설이 아니다. 이것은 이태리 통일전쟁의 일환이었던 솔페리노 전투의 현장에서, 앙리 뒤낭이 직접 목격한 바를--물론 일부는 전문(傳聞)에 의한 것도 있지만--회상해서 기술한 것이었다. 여기에 나오는 시간, 장소, 인물, 사건은 모두가 실제의 내용이다. 그러므로 이것은 리얼리즘의 전쟁문학이라 할 수 있다.

이 책은 공중에 나부끼는 군기, 진격의 나팔소리, 장렬한 애국주의, 돌격, 승리, 개선……같은 스펙타클한 측면에만 중점을 두었던 19세기의 전쟁관을 일순간에 변화시켰다.

앙리 뒤낭은 전쟁의 참상을 사실 그대로 묘사하고, 그 비인도성을 대담하고 솔직하게 고발함으로써 인간의 양심을 경각시켰다.

이 책의 전반에서는 전쟁의 추이를 자세하게 묘사하고, 후반에서는 부상당한 양국 장병들이 겪은 비참한 고통의 정경을 지나칠 정도로 자세하게 기술하였다. 그들을 도와주려는 아름다운 인간애의 발로를 하나하나 들어서 보고하였다. 유럽 각국의 위대한 문호들은 앙리 뒤낭에게 다음과 같이 말하였다.

프랑스의 낭만파 시인이며 소설가 겸 극작가로서 불후의 걸작인 소설 『노트르담 드 파리』를 쓴 빅토르 유고는, "그대는 인도(人道)를 무장시키고 자유의 운동에 공헌하고 있다. 나는 그대의 숭고한 노력에 찬성한다."라고 하였다.

저명한 프랑스의 형제 소설가인 공쿠르(Goncourt) 형제는 악평으로 유명한 인사였지만, "이 책은 호메로스보다 천 배나 훌륭하다."면서, "『솔페리노의 회상』을 다 읽고 나면 누구나 전쟁을 저주하지 않을 수 없다."고 말하였다.

영국 소설가 찰스 디킨스(Charles Dickens)는 런던에서 그가 발행하던 <All the Year Round> 지상에 <백의의 사나이>라는 제목 아래 그 발췌문을 4회에 걸쳐 연재하였다. 그러면서 "자비심 깊은 마음을 가진 다수의 대중이 그의 호소에 응하지 않는다면 이상한 일일 것이다."라고 말하였다.

그 밖에도 많은 문호들이 이 책을 격찬한 이유는 『솔페리노의 회상』 이전에는 모든 전쟁에 관한 소설이나 시가 승자 이야기와 영웅담, 정복 이야기로 전쟁을 미화하기만 하였으나, 『솔페리노의 회상』은 전쟁에서의 인간 고통을 사실대로 기술한 사실주의 전쟁문학의 효시가 되었기 때문이다. 다시 말해 허구의 소설이 아닌 리얼리즘 문학으로 자비심을 유발하는 인도주의적 문학의 효시가 되었는데, 이는 동양의 인(仁)의 사상과 비슷하다.

이 책은 후일 국제적십자운동의 마중물이 되었을 뿐만 아니라, 이 책에 나타난 인도주의를 향한 그의 신념은 후세에 막대한 영향을 주었다.

박애주의 실천

앙리 뒤낭 자신이 『솔페리노의 회상』 집필 당시, "나는 나 자신보다 더 높은 데로 상승되고 있는 것 같았다. 부당한 자만심이나 허영심은 추호도 없이, 가장 고귀한 감정에 의해 승화된 열정을 느꼈다. 그처럼 열정적인 감정은 나 자신을 망각케 했다. 나는 예측할 수 없으나 어떤 큰 성과에 대한 예감을 가졌다."라고 기술하고 있다.

앙리 뒤낭이 성인은 아니었고, 위대한 철학가나 사상가도 아니었다. 단지 전쟁의 참상을 보고 마음속 깊이 내재된 동정심과 자비심이 유발되어, 자기의 사업 일도 잊고 부상병을 돕는 일에 뛰어들었다. 이런 행동은 어릴 때부터 부모의 영향을 받아, 남을 돕는 일에 헌신하였기에 나온 인도적이고 박애적인 마음의 발로였다.

우리는 이 책의 사상적, 문학적 가치를 아는 데만 그치지 말고 이 가치를 작금의 우리 현실에 어떻게 적용할지도 고민해 보아야 한다.

요즘 우리 사회에서 인성의 중요성을 강조하고 있는데 바로 이 인성은 앙리 뒤낭이 성장해온 가정처럼, 어릴 때부터 부모에게 배우며 자연스럽게 길러져야 한다. 학교교육에서도 『솔페리노의 회상』을 읽고 독후감을 쓰고 토론을 하도록 유도하여, 인도주의와 박애주의를 생활 속에서 실천하도록 하면 어떨까 한다.

인성교육의 시초는 가정에서의 효 실천이다. 효는 가장 기본적인 인도의 실천이다. 효가 없어지니 가정이 무너지고 사회가 불안해지는 것이다. 자녀들의 인성교육을 위해 가정에서 부모부터 효에 대해 솔선수범하여야, 자녀들도 따라 배울 것이다.

학교교육에서도 교과과정을 통해 『솔페리노의 회상』이 가진 사상적, 문학적 가치와 함께 인도주의 실천을 가르치면 좋겠다. 더 나아가 직장교육, 사회교육으로 확장하여 국민 누구나 『솔페리노의 회상』의 인류를 위한 보편적인 가치를 알게 할 필요가 있다. 이럴 때 우리나라에서도 제2, 제3의 앙리 뒤낭이 길러지고, 우리 가정, 사회, 국가도 한 단계 도약하여 선진 문화한국이 되리라 믿는다.

제임스 가필드 대통령과 어머니

제임스 가필드(James Garfield)는 미국의 제20대 대통령입니다. 대통령이 된 지 4개월 만에 광인의 총에 맞아 죽은 비운의 정치가라 잘 알려져 있지 않은 인물입니다. 그는 오른손으론 라틴어, 왼손으론 그리스어를 썼다는 천재였습니다.

제임스 가필드가 초등학교에 다닐 때 이야기입니다. 어느 날 선생님께서 반 학생들에게 질문을 했습니다.

"여러분은 장차 어른이 되면 무슨 일을 하겠습니까?"

아이들이 다투어 대답했습니다.

"저는 훌륭한 정치인이 되겠습니다."

"나는 의사가 되겠습니다."

그런데 가필드는 대답이 없었습니다.

"가필드는 무엇이 되고 싶니?"

선생님이 가필드에게 물었습니다.

"저는 사람이 되겠습니다."

모두들 깔깔대며 웃었고, 선생님이 다시 물었습니다.

"그게 무슨 뜻이니?"

"예, 사람다운 사람이 되겠다는 뜻입니다. 사람이 사람답지 못하면 무엇이 되겠습니까? 먼저 사람다운 사람이 되겠습니다."

그러자 웃던 학생들 모두가 고개를 숙였습니다.

가필드는 1831년 미국 오하이오 주에서 가난한 개척 농민의 아들로 태어나 어렵게 살면서 공부를 하였습니다. 학교에 들어갔지만 책을 살 수 없어 남의 책을 빌려 공부해야 했고, 어깨너머로 배우기도 했습니다. 그의 어머니는 자주 가필드에게 말했습니다.

"애야, 미안하구나. 부모가 되어서 아들이 공부할 책도 제대로 사주지 못하니 말이다."

그러면 가필드는 밝은 얼굴로 웃음을 띠면서 오히려 어머니를 위로했습니다.

"어머니, 걱정하지 마세요. 친구 중엔 저보다 더 가난한 아이도 있는 걸요. 저는 열심히 공부해서 반드시 훌륭한 대장이 되겠어요. 두고 보세요."

어머니는 아들의 머리를 쓰다듬으며 말했습니다.

"오냐, 장하다. 그런데 애야, 대장이 되는 것도 좋지만, 그보다는 먼저 남을 도울 수 있는 사람이 되어라."

"알겠어요, 어머니."

가필드는 어머니의 이 말씀을 가슴 깊이 새기고 늘 남을 도우며 살고자 노력했으며, 어려움 속에서도 열심히 공부하였습니다. 고학으로 대학을 졸업한 후 남북전쟁에 참전하여 소장까지 진급하였습니다. 이후 대학교 학장, 변호사, 연방 하원의원, 연방 상원의원을 거쳐 드디어 1881년 3월 미국의 제20대 대통령으로 취임하게 되었습니다.

마침내 취임식 날, 새 대통령 제임스 가필드는 직접 늙으신 어머니를 부축하여 대통령 취임 식장에 나타났습니다. 그런데 취임할 대통령이 앉아야 할 자신의 자리에 어머니를 앉게 했습니다. 그리고 가필드 자신은 그 옆에 선 채 취임식을 시작했습니다.

가필드는 취임 연설에서 이렇게 말했습니다.

"국민 여러분! 저를 오늘 대통령이 되도록 보살펴 주시고 이끌어주신 제 어머니를 이 자리에 모시고 나왔습니다. 오늘의 이 영광은 오로지 저의 어머니께서 받으셔야 합니다. 저의 어머니를 소개합니다."

그러자 식장에선 우레와 같은 박수소리가 오래도록 그치지 않았습니다. 그 박수소리보다 더 큰 감동의 물결이 출렁거렸습니다. 효를 중시하는 한국사회에서도 이 장면은 모든 이들에게 깊은 감동을 주고 있다고 생각합니다. 잘 된 일의 공은 자신이 차지하고, 잘못된 원인을 남에게로 돌리는 오늘의 한국사회가 본받아야 할 사례라 믿습니다.

요(堯)임금과 왕비의 덕행

요즘처럼 가정 붕괴, 도덕성 상실, 집단 간의 갈등으로 사회가 혼란스러울 때, 우리의 국가 지도자들이 갖추어야 할 덕목을 먼 옛날 요(堯)임금과 왕비의 예에서 살펴보고자 한다. 고대 중국 역사상 가장 살기 좋은 태평성대를 구가했다는 요순시대의 이야기다.

요임금이 민정 시찰을 나갔다. 만백성이 길가에 부복하여 왕의 행렬에 마음으로 박수를 보내고 왕에게 무한한 존경과 복종의 뜻을 보였다. 그런데 이상한 현상이 발생했다. 길가 뽕밭에서 뽕을 따는 처녀가 부복은 고사하고, 한 번 돌아보지도 않고 열심히 뽕만 따고 있는 게 아닌가? 한 마디로 왕의 권위 따위는 알 바 없다는 일종의 오만한 태도였다.

"어가를 멈춰라."

왕명에 따라 천지를 흔들던 악대도 음악을 중단하고, 화려한 행렬이 제자리에 섰다.

"어떤 사람이라고 생각하는가?"

친위대장이 대답했다.

"뽕 따는, 촌구석의 무식한 처녀인 줄 아뢰옵니다. 소신이 가서 확인하고 오겠습니다."

왕의 눈에는 처녀의 자태가 너무나 아름다워 거의 환상적이었다. 선녀가 아니고선 어떻게 저리도 곱고 매혹적일 수가 있단 말인가?

"아니다. 내 좀 걷고 싶던 차에 잘 됐다."

왕이 직접 뽕따는 처녀에게로 위풍당당하게 걸어갔다. 왕이 가까이 왔는데도 처녀는 돌아보지도 않고 뽕만 따고 있었다. 왕은 은근히 자존심이 상했다.

"너는 나의 백성이 아니란 말이냐? 왕이 직접 너를 찾아왔다."

그때서야 처녀는 몸을 돌려 정중히 목례를 했다. 그 순간 왕은 크게 실망을 했다. 아무리 권문세가의 영애라도 왕이 손만 잡으면 왕의 것인데, 이 여인은 통 그러고 싶질 않았다. 처녀의 얼굴에 보기에도 민망한 혹이 달려 있었던 것이다. 왕은 슬그머니 객기가 발동했다.

"그래 만백성이 짐을 우러러 경의를 표하고, 땅에 부복하여 순종의 뜻을 보이거늘, 너는 어쩐 연고로 부복은 고사하고, 아예 모른 체한단 말이더냐?"

그러자 이 뽕녀의 입에서 참으로 아름답고 당당한 음성이 흘러나왔다.

"하늘 아래 왕의 땅이 아닌 곳이 없고 땅 끝까지 왕의 신하 아닌 자가 없습니다. 어지신 왕에겐 동서남북의 어느 백성이고 심복하지 않는 자가 없습니다. 만백성의 어버이에게 부복하는 일만이 경의가 아니고, 부모의 뜻에 따라 소임에 충실한 것이 더 충성스러운 일이 아니겠사옵니까?"

"부모가 뭣이 그리 대단한가?"

"효는 만행의 근본이며, 은혜가 무한하여 자손은 영구(永久)히 받들어야 하고, 모든 선행 중에서 으뜸이라 생각합니다. 군왕께서 마땅히 그 모범을 보이셔야 하거늘 어찌 이를 탓하려 하시옵니까?"

왕은 감탄하여 절로 미소가 피어올랐다.

'요것 봐라. 날 가르치고 있다. 햐! 고것 참 맹랑하구나! 하하하….'

왕은 첫 번째 질문의 대답에 크게 감탄하여 두 번째 질문을 던지기로 했다.

"헌데 넌, 얼굴에 혹이 달려 창피하지 않느냐?"

"신체발부는 하늘이 부모님을 통해 주신 은혜이오며, 하늘의 뜻은 삼라만상을 다스리는 것이거늘, 어버이이신 왕께서 어떤 연고로 소녀의 생김새를 조롱하시옵니까? 인간의 도리로써 사람을 다스려야 하고, 외양보다는 내면의 진실을 존중해야 하는 줄 아옵니다."

왕은 더욱 놀라 신하 중에 이런 어질고 현명한 신하가 많았으면 얼마나 좋을까 하고 생각했다. 왕은 그래서 내친 김에 엉뚱한 질문 한 개를 더 해 보았다.

"너를 내 왕비로 삼고 싶다. 날 따라가겠느냐?"

뽕녀는 조용히, 그러나 단호하게 말했다.

"백성들에게 학문보다는 예를 먼저 가르치셔야 하고, 재리(財利)보다는 도리를 먼저 가르치시는 것이 군왕의 도리라고 생각하옵니다. 대왕께서 그럴 뜻이 있으시면 나라의 질서를 지키고 예도를 가르치시기 위해, 당연히 먼저 양친의 동의를 구한 다음 혼서를 보내시는 것이 옳다고 생각하옵니다. 그런 다음 예법이 정한 바에 따라 가장 모범이 되는 절차를 준행함이 마땅한 줄 아는데, 어이하여 소녀를 노상납치하려 하시옵니까?"

왕은 크게 감탄했다. 실로 말씨름에서 왕이 패한 기분이 들 정도라, 어안이 벙벙했다.

'이 넓은 하늘 아래, 누가 감히 왕인 나에게 저렇게 의롭고 유식한 도리를 당당하게 말해 줄 수 있단 말인가? 그런 의인이 내 곁에 있다면 얼마나 좋을꼬? 여인에게 빠져듦이, 마치 때 맞춰 내리는 단비처럼 메마른 대지를 적심 같도다.'

이 길가에서의 세 가지 질문이 요임금의 민정시찰에서 가장 큰 성과가 될 줄은 아무도 몰랐다. 왕은 예법에 따라 청혼을 하고 혼서를 보냈다. 만백성이 우러러 경축하는 혼인으로 왕비의 가마가 왕궁에 도달하던 날, 수

개나리꽃

화사한 봄의 햇살에
활짝 핀 개나리꽃

옛 고향 할머니집 앞마당에 모여 놀던
노랑 병아리들처럼

무엇이 즐거운지 재롱떠는 아이처럼
생글생글 웃는다.

개나리꽃들 속에서
병아리들 재잘거림이 들려올 것 같다.

이런 봄날엔
옛 고향집을 방문하고 싶다.

　많은 신하들과 궁녀들이 흥분하며 왕비가 얼마나 대단한 미인일까 궁금증이 불타올랐다.
　그런데 막상 가마 문이 열리자 왕비를 처음 본 궁녀들의 입가에 조소가 피어올랐다. 그러나 가마에서 내린 왕비는, 무수한 시종들 앞에서 팔을 걷어 올리고 주방으로 걸어 들어갔다. 궁녀들이 더욱 비웃으며 말렸다.

"난 왕의 아내다. 내 손으로 진지를 해드리는 게 도리다. 저리 비켜라."

왕비는 이렇게 말하며 막무가내였다. 그렇게 왕의 수라상을 준비한 다음, 사치스러운 궁녀들의 복장과 경박한 행동을 지적하여 호령했다.

"오늘부턴 백성들보다 사치하는 자는 그냥 두지 않겠다. 농어촌의 선량한 부인들보다 잘 먹거나 더 게으른 자도 용서하지 않겠다. 백성들의 어버이이신 왕을 섬기는 자들이, 백성들보다 예와 도리가 모자라면 어떻게 왕께서 바른 정치를 하실 수 있단 말이냐?"

왕비의 엄숙하고 단호한 질책을 받은 궁녀들의 비웃던 입이 모조리 놀란 조개처럼 굳게 다물어졌다. 그날부터 나라의 질서와 도덕이 하루가 다르게 바로서고 꽃피기 시작했다. 당장 궁중이 달라지고 대신들이 달라졌다. 공직자가 달라지니 백성들이 금세 달라져, 나라엔 도둑이 없어지고 세상인심이 어딜 가나 풍요로워졌다.

그리하여 이 위대한 여인이 요순시대의 태평성대를 창조하는 불가사의의 기적을 낳았다. 왕으로부터 촌부까지, 백성은 하나같이 바른 사고와 예의를 지켜, 온 천지가 높은 수준의 도덕사회를 이루었다.

먼 훗날 왕비가 돌아가시자, 온 나라의 백성들과 왕은 목 놓아 큰 소리로 엉엉 울었다고 한다. 어린 아이부터 호호백발의 노인들까지, 높은 신하부터 저 눈먼 땅의 무지한 노동자까지, 모든 백성이 땅을 치며 울었다는 것이다. 왕비의 은덕을 높이 기리고 사모하는 백성들 중엔, 그 서거 소식에 쓰러지거나 식음을 폐하고 애도하는 자가 부지기수였다.

위의 예는 머나먼 요순시대의 옛 이야기지만, 인간의 도리인 충, 효, 예를 다한 인물만이 지도자로서 국가를 잘 통치할 수 있고, 국민을 감명시킬 수 있다는 동서고금 불변의 진리를 잘 보여주고 있다.

헬렌 켈러와 선연(善緣)

우리는 인생을 살아가면서 수많은 사람과 만나기도 하고 헤어지기도 한다. 이것을 인연(因緣)이라고 한다. 인연에는 좋은 인연인 선연(善緣)도 있고 나쁜 인연인 악연(惡緣)도 있다. 그래서 인연은 함부로 맺지 말고 골라서 맺어야 한다. 불가에서는 옷깃만 스쳐도 인연이라지만, 무작정 인연을 맺으려고 하는 것은 무모하고 소모적인 일이다.

착한 인연이라면 좋은 관계를 유지하기 위해 최선을 다하고, 나쁜 인연이라면 무관심 속에 지나쳐 버리고 멀리해야 한다. 선악의 인연을 구분하지 못하고 만나는 사람마다 닥치는 대로 관계를 맺다 보면 자칫 악연에 휘말려 고통을 받고 살아가야 한다.

우리 인생에서 인간적으로 공감하며 진실한 생각을 함께 나눌 수 있는 사람들은 소수에 불과하다. 이처럼 진실하고 착한 인연이라면 소수일지라도 멋진 인생을 살아가는 데는 부족함이 없다. 공감과 진실은 착한 인연의 씨앗이 된다. 물론 공감과 진실의 실체를 파악할 수 있는 능력이 뒤따라야 함은 당연한 일이다.

미국의 세 여인 로라 브리지맨(Laura Bridgeman), 앤 설리번(Ann Sullivan), 그리고 헬렌 켈러(Hellen Keller)가 착한 인연으로 만나 기적을 만들어낸 이야기를 살펴보자.

보스턴의 한 보호소에 앤 설리번이란 소녀가 있었다. 앤의 엄마는 죽었고 아빠는 알코올 중독자였다. 아빠로 인한 마음의 상처에다 보호소에 함께 온 동생마저 죽자 앤은 충격으로 실성을 했고 실명까지 했다. 수시로 자살을 시도하고 괴성을 질렀다.

결국 앤은 회복 불능이라는 판정을 받고 정신병동 지하 독방에 수용되었다. 모두 치료를 포기했을 때 나이든 간호사인 로라 브리지맨이 앤을 돌보겠다고 자청했다. 로라는 정신과 치료보다는 그냥 친구가 되어주었다. 그리고 날마다 과자를 들고 가서 책을 읽어주고 기도해 주었다. 그렇게 한결같이 사랑을 쏟았지만 앤은 담벼락처럼 아무 말도 없었고, 앤을 위해 가져다준 특별한 음식도 먹지 않았다.

어느 날, 로라는 앤 앞에 놓아준 초콜릿 접시에서 초콜릿이 하나 없어진 것을 발견했다. 용기를 얻은 로라는 계속 책을 읽어주고 기도해 주었다. 앤은 독방 창살을 통해 조금씩 반응을 보이며 가끔 정신이 돌아온 사람처럼 얘기했고, 그 얘기의 빈도도 점점 많아졌다.

마침내 2년 만에 앤은 정상인 판정을 받아 파킨스 시각장애아 학교에 입학했고, 밝은 웃음을 찾았다. 그 후, 로라의 죽음이라는 시련도 겪었지만 앤은 로라가 남겨준 선물인 '희망을 볼 수 있는 마음의 눈'으로 시련을 이겨내고 학교를 최우등으로 졸업했으며 한 신문사의 도움으로 개안 수술에도 성공했다.

앤은 어느 날, 신문기사를 봤다.
"보지 못하고, 듣지 못하고, 말하지 못하는 아이를 돌볼 사람 구함!"
앤은 그 아이에게 자신이 받은 사랑을 돌려주기로 결심한다. 사람들은 못 가르친다고 했지만 앤은 말했다.
"저는 하느님의 사랑을 확신해요."
결국 사랑으로 그 아이를 20세기 대기적(大奇蹟)의 주인공으로 키워냈

그리움

할머니는 거짓말을 안 하신다.
몇 년째 찾아보지 않았던 손자를 보며
'지금까지 살아온 게 지옥 같다.
이제 죽고 싶다.' 하시더니
어느 날 정말 홀연히 가시었다.
한 번쯤 거짓말을 하셨으면 더 좋으련만.

다. 그 아이가 '헬렌 켈러'이고, 그 선생님이 앤 설리번이다.

로라가 앤과 함께 있어주고 앤의 고통을 공감하면서 앤을 정상인으로 만들어냈듯이, 앤도 헬렌과 48년 동안 함께했다.

헬렌이 하버드대학에 다닐 때는 헬렌과 모든 수업에 함께 참석하면서 그녀의 손에 강의내용을 적어주었다. 빛의 천사 헬렌 켈러가 3중 불구자이면서도 절망하지도 않고 삶을 포기하지 않을 수 있었던 데는, 앤의 역할이 절대적이었던 것은 당연하다.

헬렌은 앤의 도움 아래 왕성한 의욕과 꿋꿋한 의지를 가지고 새로운 삶의 길을 찾아 스스로 피눈물 나는 노력을 계속했다. 하버드대학을 졸업하던 날, 헬렌은 브릭스 총장으로부터 졸업장을 받고 하염없이 눈물을 흘렸다. 설리번 선생님도 감격의 눈물을 흘렸다.

"항상 사랑과 희망과 용기를 불어넣어준 앤 설리번 선생님이 없었다면 저도 없었을 것입니다."

헬렌은 이렇게 말했다. 졸업식장에 있던 모든 사람들은 헬렌의 뛰어난 천재성과 설리번 선생님의 훌륭한 교육에 일제히 박수를 보냈다.

그토록 의지가 강한 헬렌은 『내가 3일 동안만 볼 수 있다면』이라는 책에 이런 글을 썼다.

> "만약 내가 사흘 동안만 볼 수 있다면 첫째 날엔 나를 가르쳐준 설리번 선생님을 찾아가 그분의 얼굴을 바라보겠습니다. 그리고 산으로 가서 아름다운 꽃과 풀과 빛나는 노을을 보고 싶습니다. 둘째 날엔 새벽에 일찍 일어나 먼동이 터오는 모습을 보고 싶습니다. 저녁에는 영롱하게 빛나는 하늘의 별을 보겠습니다. 셋째 날엔 아침 일찍 큰길로 나가 부지런히 출근하는 사람들의 활기찬 표정을 보고 싶습니다. 점심때는 아름다운 영화를 보고 저녁에는 화려한 네온사인과 쇼윈도의 상품들을 구경하겠습니다. 저녁에는 집에 돌아와 사흘간 눈을 뜨게 해주신 하나님께 감사의 기도를 드리고 싶습니다."

마음의 상처를 치유하는 것은 상처에 대한 적절한 분석과 충고가 아니라 그냥 함께 있어주는 것이다. 상처받은 마음은 충고보다 자신감을 심어줄 때 아물며, 함께 해주는 공감과 경청이 중요하다.

헬렌 켈러에 대해서는 많은 사람들이 잘 알고 있으나 그녀의 스승에 대해서는 잘 모른다. 보지도 듣지도 말하지도 못하는 삼중고의 헬렌 켈러를 전 세계가 놀라게 한 인물로 만든 사람이 바로 앤 설리번이다.

헬렌 켈러를 가르칠 수 있는 방법은 감각기관뿐이었다. 헬렌 켈러는 손가락으로 상징적인 터치를 통하여 말하는 법을 배우고 열심히 공부하여 박사도 되고, 영감을 주는 위대한 인물이 되었다. 앤 설리번은 늘 되풀이해서 다음과 같이 말했다고 한다.

"시작하고 실패하는 것을 계속하라. 실패할 때마다 무엇인가 성취하게 될 것이다. 네가 원하는 것을 성취하지 못할지라도 무엇인가 가치 있는 것을 얻게 될 것이다. 시작하고 실패하는 것을 계속하라. 절대로 포기하지 말라. 모든 가능성을 다 시도해 보았다고 생각하지 말고, 언제나 다시 시작하는 용기를 가져야 한다."

그 스승에 그 제자란 말이 어울리는, 좋은 인연이 아닐까?

위의 세 여인은 모두 착한 인연인 선연(善緣)으로 만났고 저마다 훌륭한 멘토와 멘티 역할을 하였기에 기적을 만들어낸 것이다. 우리도 주어진 삶에서 기적을 만들어내려면 선연으로 사람을 만나 공감대를 이루어야 한다. 선연을 만들기 위해서는 먼저 선과 악, 진실과 거짓을 구별하는 능력과 판단력을 갖추어야 하는 것은 당연한 일이다.

아이젠하워 대통령의 소통과 포용력

드와이트 아이젠하워(Dwight Eisenhower)는 미국의 제34대 대통령으로 텍사스 출신입니다. 1915년 웨스트포인트 육군사관학교를 졸업하고 맥아더 장군의 참모로 필리핀에서 근무하기도 했습니다. 아이젠하워가 웨스트포인트 육군사관학교를 졸업할 당시의 성적은 평범했으나, 졸업 당시 동기생 중 수석을 차지한 인물이 바로 그가 상관으로 모셨던, 우리에게도 잘 알려진 맥아더 장군입니다.

제2차 세계대전 때는 1942년 북아프리카 방면 연합군 사령관이 되었고, 이듬해인 1943년 유럽연합군 최고사령관에 임명되었습니다. 노르망디 상륙작전(1944년 6월 6일)을 지휘하여 프랑스를 탈환하였으며, 독일을 무조건 항복하게 만들었습니다.

1948년에 퇴역하여 콜롬비아 대학 총장을 지냈고, 1950년 북대서양조약기구(NATO)의 총사령관을 거쳐 1952년 미국 제34대 대통령이 되었습니다.

아이젠하워가 1943년 유럽연합군 최고사령관에 임명될 당시 미군과 영국군의 사이는 몹시 좋지 않았습니다. 영국군은 미군에 대한 불신을 숨기지 않았고, 미군 지휘관들은 그런 영국군을 고깝게 여기고 있었습니다.

아이젠하워는 고도의 균형 감각을 발휘해 양측의 의견차를 줄였고, 타고난 유머감각과 사교력으로 자신의 의견을 관철시켰습니다. 미군과 영국군 사이의 중재자로 상호간에 조화와 소통을 이루게 했으며, 이런 그의 활약은 2차 세계대전을 승리로 이끄는 데 크게 공헌하였습니다.

아이젠하워가 유럽 전선에서 연합군 최고사령관으로 있을 때의 이야기입니다. 그가 사무실을 나와 수행하는 참모와 부관을 데리고 층층대 계단을 내려가고 있었습니다. 그때 한 병사가 담배를 물고 올라오면서 장군에게 "헤이 라이터, 담배 불 좀 주게." 하였습니다.

병사의 무례함을 괘씸하게 생각하며 얼굴을 찡그리는 참모를 돌아보며 아이젠하워는 인자한 모습으로 라이터를 꺼내 불을 붙여주었습니다. 그 병사는 아무래도 이상해서 담배를 물고 올라가다가 뒤를 돌아보았습니다. 그 사람이 바로 대장 계급장을 단 자기 사령관 아이젠하워가 아닌가! 기절할 뻔했습니다. 철이 없는 병사가 담배를 물고 사라진 후, 장군은 수행하는 참모에게 이렇게 말했습니다.

"이봐, 위에서 내려가는 나는 저 병사의 계급장이 보이지만, 밑에서 올라오는 병사는 내 계급장이 보이지를 않는다네."

그러면서 태연히 계단을 걸어 내려갔습니다. 친근하고 소박하고 너그러운 성품은 공동의 목표를 향해 폭넓은 사고로 다양한 의견을 수용할 수 있는 포용력을 발휘할 수 있었습니다. 그의 원숭이 같은 얼굴 모습과 약간은 바보스런 표정이 모든 사람에게 친근감을 주었습니다.

화를 내지 않고 진지하게 남의 말을 경청하며 듣는 성숙함, 자기보다 남을 배려할 줄 아는 조화의 정신, 일상생활 속에서는 부하에게 질 줄도 아는 포용력, 사령관에게는 그런 모습이 필요합니다. 그러니까 지도자에게 필요한 자질인 셈입니다.

아이젠하워는 맥아더의 참모로 있으면서 맥아더의 집중력과 냉철함을 몸에 익힐 수도 있었습니다. 당시 미 육군 참모총장인 마샬 장군이 아이젠하워의 이런 특성을 알고 그를 유럽 연합군 최고사령관에 추천했습니다.

맹장인 패튼 장군, 완고한 고집쟁이인 영국의 몽고메리 원수, 자존심이 강한 프랑스의 드골 장군 등을 지휘하는 데는, 전략이나 전술지식보다는 조화와 소통의 정신이 풍부한 사람이 필요했던 것입니다. 아이젠하워가 바로 그런 사람이었습니다. 만일 아이젠하워 장군이 담뱃불을 붙여달라고 했던 그 병사가 경례를 하지 않았다고 영창에 처넣었다면 미국 대통령이 될 수 있었을까요?

아이젠하워 장군의 조화와 소통의 정신이 그를 퇴역 후 대통령으로 만들었고, 그러한 조화와 소통의 정신은 가정에서 어릴 때부터 배운 인성과 품성, 그리고 효 교육의 결실이었던 것입니다.

아이젠하워가 대통령이 된 후 어떤 행사에서 연설을 끝낸 후 연단을 내려오다가 그만 넘어진 적이 있었습니다. 사람들은 크게 웃었다지요. 아이젠하워 대통령에게는 분명히 커다란 망신의 순간이었습니다. 하지만 그는 아무렇지도 않게 일어서면서 이렇게 말했다고 합니다.

"여러분이 즐거우시다면 한 번 더 넘어질 수도 있습니다."

이 이야기는 자기보다 상대를 배려하는 삶의 철학을 우회적으로 보여주는 사례라고 할 수 있습니다.

링컨 대통령의 아버지 사랑

　미국의 제16대 대통령인 링컨에 대한 평가가 때로는 극과 극이지만, 미국에서 가장 존경받는 대통령을 꼽으라면 항상 3명 안에 들어가는 인물이 바로 링컨 대통령입니다. 그런 점에서 그는 성공한 대통령입니다만, 그의 성공은 결코 쉽사리 얻어진 결과는 아닙니다.
　그의 일생은 실패의 연속이었습니다. 링컨을 연구하는 사람들은 그가 공식적인 실패만 27번 되풀이하였다고 합니다. 그는 남다른 실패를 밑거름으로 성공을 거둔 인물입니다.

　링컨의 아버지는 영국에서 이민을 온 직공의 후예로 신발 만드는 일을 하였습니다. 링컨은 가난한 구두 수선공의 아들이었습니다. 통나무집에서 출생하여 어려운 환경에서 성장하였고, 가난으로 인해 학교는 9개월밖에 다니지 못하였습니다. 링컨이 9살이었을 때 어머니가 세상을 떠나 계모 밑에서 자랐습니다.
　22살에 사업을 시작하였으나 여지없이 실패하였고, 23살에 주(州)의회 의원 선거에 출마하였으나 낙선하였습니다. 24살에 독학으로 변호사 자격을 취득하였으나, 다시 시작한 사업이 실패하여 17년 동안이나 빚을 갚아야만 했습니다. 26살에 사랑하는 여인을 백혈병으로 잃고 낙심했던 후유증으로 27살에는 신경쇠약과 정신분열증에 시달렸으며, 29살 때 하원의원 선거에서도 낙선하였습니다.

31살에 대통령 선거인단 선거에 나섰으나 실패하였으며, 34살에 하원의원에 출마하였으나 다시 낙선하였습니다. 37살에 하원의원에 당선되었으나 39살에 다시 낙선하였습니다. 46살에 상원의원으로 출마하였으나 낙선하였고, 47살에 부통령으로 출마하였으나 낙선하였으며, 49살에 다시 상원의원에 출마하였으나 또 낙선하였습니다. 51살에 미국의 16대 대통령에 출마하여 드디어 당선되었으나 남북전쟁 등을 통해 세 아들을 잃었고, 56세에 암살로 사망하였습니다.

위에 열거한 것처럼 수많은 실패에도 불구하고 링컨은 무슨 힘으로 숱한 절망에서 일어설 수 있었을까요? 링컨 스스로 이렇게 말하고 있습니다.

> "내가 걷는 길은 험하고 미끄러웠다. 그래서 나는 자꾸만 미끄러져 길바닥 위에 넘어지곤 했다. 그러나 나는 곧 기운을 차리고 나 자신에게 말했다. '괜찮아, 길이 약간 미끄럽긴 해도 낭떠러지는 아니야.' 그러면서 다시 출발할 수 있었다."

거듭되는 실패와 좌절 속에도 링컨은 희망을 잃지 않았고, 비관적인 상황일수록 오히려 스스로의 마음에 희망의 메시지를 주입했습니다. 사랑하는 가족과 연인의 사망, 계속되는 사업실패와 낙선으로 미끄러지고 넘어지면서도, 아직 낭떠러지가 아니라고 스스로를 격려하며 버텨냈습니다.

우리는 실패가 이어지면 기가 죽습니다. 실패가 이어지면 급기야는 포기하고 하루하루를 살아갑니다. 그러나 링컨은 그렇지 않았습니다. 실패에 정면으로 맞섰습니다. 그는 실패할 때마다 꿈을 더 높이 가졌습니다. 좌절할 때마다 더 높은 목표에 도전하였습니다. 우리도 링컨 같은 용기를 지닌다면 실패를 디딤돌 삼아 성공의 언덕으로 나아갈 수 있습니다. 위대한 사람은 그렇게 쉽게 만들어지는 것이 아닙니다.

링컨은 부모님이 가난하여 초등학교를 제대로 졸업하지 못했습니다. 링컨이 대통령에 선출되었을 때 그런 사실을 알게 된 상원의원들은 링컨을 비웃기 시작했습니다. 대부분 고학력에 명문 귀족 출신이었던 상원의원들, 그들은 신발을 만드는 구두 수선공의 아들에다 제대로 학교도 다니지 못한 링컨 밑에서 일한다는 것이 여간 불쾌하지 않았던 것입니다.

대통령이 된 링컨이 상원의원들 앞에서 취임연설을 할 때였습니다. 막 연설을 하려는데 한 상원의원이 일어나 거만하게 야유를 퍼붓듯 말했습니다.

"오늘은 미국 역사상 가장 수치스러운 날입니다. 저 초등학교도 나오지 못한 사람이 대통령이 되어 의회 연설을 하다니요. 저런 사람을 우리가 대통령으로 모셔야 합니까?"

또 다른 의원은 자기 구두를 벗어 들고 조롱하듯 말했습니다.

"당신이 대통령이 되다니 정말 놀랍소. 당신의 아버지가 신발 제조공이었다는 사실을 잊지 마시오. 가끔 당신 아버지가 우리 집에 신발을 만들기 위해 찾아오곤 했소. 이 신발도 당신 아버지가 만든 것이오."

그러자 의사당 안은 링컨을 조소하는 웃음소리로 가득했습니다. 순간 링컨의 눈에는 눈물이 가득 고였습니다. 아버지를 생각하는 눈물이었습니다. 링컨은 전혀 동요함이 없이 단상으로 올라가 부드러우면서도 단호한 목소리로 말했습니다.

"존경하는 의원님들, 여러 가지 바빠서 잠시 아버지를 잊고 살았는데, 오늘 여러분께서 아버지를 생각할 수 있게 해주셔서 감사합니다. 저희 아버지는 구두를 만들고 수선도 하셨습니다. 저희 아버지는 한 번도 쉬지 않고 튼튼한 구두를 만들기 위해 열심히 일하셨습니다. 나도 아버지가 일할 때 어깨너머로 보고 배웠습니다. 아까 의원님이 보여준 구두, 언젠가 수선할 일이 있으면 제게 갖다 주세요. 제가 수선해 드리겠습니다. 나는 이 세상에서 아버지를 가장 존경합니다."

링컨은 이렇게 아버지를 존경하고 공경한 사람이었습니다. 대립관계에 있는 사람일지라도 공석에서 비난하지 않았습니다. 그가 생활신조로 삼아 늘 하는 말이 있습니다.
"원수는 우리 마음에서 없애야 한다."
대통령이 되어서도 만인 앞에 서서 구두 수선공이었던 아버지를 부끄럽게 여기지 않는 링컨의 모습은 참으로 감동적입니다. 아버지를 자랑스럽게 여기는 링컨이야말로 진정한 효자입니다. 자녀들에게서 링컨과 같은 고백을 받을 수 있는 부모라면 결코 헛된 인생을 살지 않았다고, 자랑스럽게 말할 수 있을 것입니다.
부모로서 가장 듣고 싶은 말이 있다면, 사랑하는 자녀에게서 링컨과 같은 고백을 듣는 것이 아닐까요? 서로가 위로하고 격려하는 아름다운 가정이 되면, 우리 사회도 점점 인정과 소통이 풍성해지리라 믿습니다.

마쓰시다 회장의 긍정의 힘

일본 '파나소닉(Panasonic)' 상표의 창업자이자 '경영의 신'이라 불리는 '마쓰시다(松下)전기'의 '마쓰시다 고노스케(松下幸之助) 회장이, 불우한 환경을 극복하고 인생에 성공한 이야기입니다.

일본의 부모들은 마쓰시다 회장을 아이들의 멘토(mentor)로 삼았고, 경영자들은 '마쓰시다주의'란 경영의 신조어를 만들어냈습니다. 그는 기업의 리더, 경영혁신 전문가, 작가, 교육가로도 활동하면서, 아흔네 살로 생을 마감할 때까지 항상 도전의식을 가지고 진취적인 삶을 살았습니다.

그는 어려서부터 모든 나쁜 조건은 다 가지고 있었습니다. 아버지의 사업 실패로 초등학교를 4년 만에 중퇴하고 신문팔이, 구두닦이와 자전거가게의 점원이 되었습니다. 밤이 되면 어머니가 그리워 눈물을 흘려야 했던 평범하고 나약한 울보였으며, 가난으로 인해 잘 먹지 못한 허약한 몸 때문에 항상 병이 많았습니다.

하지만 1918년 '마쓰시다전기제작소'를 설립한 그는 독특한 경영이념과 탁월한 통찰력으로 94세의 나이로 운명할 때까지 '마쓰시다전기제작소'를 전기 한 품목만으로 570여 개 계열사와 19만여 명의 사원이 있는 세계적인 기업으로 만들었으며, 모든 역경을 뛰어넘어 굴지의 세계적인 기업인이 되었습니다.

사업의 성공은 많은 사람의 부러움을 살 수 있었지만, 마쓰시다 회장의 일화를 들은 사람들은 그를 존경할 수밖에 없었습니다. 어느 날 그에게 한 직원이 질문을 합니다.

"회장님은 어떻게 이렇게 큰 기업의 총수로 성공하게 되셨습니까?"

"가난한 것, 허약한 것, 못 배운 것이라는 세 가지 하늘의 큰 은혜를 입고 태어났기 때문이다."

그 소리를 듣고 깜짝 놀란 직원이 다시 묻습니다.

"어떻게 그것이 은혜가 됩니까? 이 세상의 불행은 모두 갖고 태어나셨는데도 오히려 하늘의 은혜라고 하시니 저는 이해할 수 없습니다."

"나는 가난 속에서 태어났기 때문에 부지런히 일하지 않고서는 잘 살 수 없다는 진리를 깨달았다네. 또 허약하게 태어난 덕분에 건강의 소중함도 일찍이 깨달아 몸을 아끼고 건강에 힘써 90살이 넘은 지금도 30대의 건강으로 겨울철에도 냉수마찰을 한다네. 또 초등학교를 4년 만에 중퇴하여 못 배웠기 때문에 항상 이 세상 모든 사람을 나의 스승으로 받들어, 배우는 데 노력하여 많은 지식과 상식을 얻었다네. 많은 사람들은 이런 것들을 불행한 조건들이라고만 생각하는데 오히려 나는 이런 불행한 환경이 나를 이만큼 성장시켜 주기 위해 하늘이 준 시련이라고 생각하여 늘 감사하고 있다네."

1929년 세계 대공황의 여파로 '마쓰시다(松下)전기제작소'가 큰 어려움에 처했을 때, 그는 병상에 누워 있었습니다. 하루는 회사 임원 한 명이 찾아와 "위기를 넘기려면 종업원을 반으로 줄여야 한다."고 건의했을 때 마쓰시다 회장은 "나는 장래에 회사를 더욱 키우려고 한다. 한 사람도 해고해서는 안 된다."고 말했습니다.

그러면서 위기극복의 대안으로 "반일(半日) 근무제를 통해 생산량을 반으로 줄일 것, 월급은 전액을 지급하되 휴일에는 전 직원이 재고품 판매영

업에 나설 것"을 지시했다고 합니다.

이처럼 생산은 반으로 줄이고, 휴일에도 세일즈에 나선 덕분에 '마쓰시다전기'는 2개월 만에 재고를 모두 일소하고 다시 정상화될 수 있었다고 합니다. 그 후 웬만한 불황에도 절대 직원을 자르지 않는 '마쓰시다' 식 경영철학은 이후 일본기업의 전통으로 자리 잡았고, '마쓰시다전기제작소'는 후에 '파나소닉(Panasonic)'으로 바뀌었습니다.

어느 날 마쓰시다 회장이 교통사고를 당했습니다. 부러진 다리를 동여매고 침대에 앉아 있는데 손님이 찾아왔습니다. 손님이 "아이고, 어쩌다 이렇게 되셨습니까? 참 운이 없었습니다. 그렇지요?"라고 하자, 마쓰시다 회장은 빙그레 웃으며 다음과 같이 대답했다고 합니다.

"하하, 무슨 말씀을……. 저만큼 운 좋은 사람이 또 어디 있겠습니까? 교통사고를 당하고도 이렇게 멀쩡히 살아 있다니, 전 진심으로 감사하고 있답니다!"

마쓰시다 회장은 신입직원을 뽑을 때도 "어떤가, 자네는 스스로를 운이 좋은 사람이라고 생각하는가?" 하고 물은 후 "네!"라고 대답하면 그 사람을 뽑았지만, "아뇨."라고 대답하면 아무리 뛰어난 인재라도 뽑지 않았다고 합니다. 그 이유를 물으니 "운이 좋다고 생각하는 사람들의 마음속에는 '어차피 잘 될 거야.'라는 느긋함과 긍정심이 숨어 있습니다. 느긋함과 긍정심은 두려움을 이기고 마음을 편안하게 만듭니다. 그리고 그런 사람들은 매사에 감사해 하기에 기쁨과 행복이 항상 찾아옵니다."라고 대답했다고 합니다.

마쓰시다 회장은 자신에게 주어진 불행과 시련을 비관하지 않고 오히려 하늘이 준 축복이라 생각하는 사고의 전환과 함께, 무한긍정의 힘을 발휘하였습니다. 항상 겸손한 자세로 열심히 자기를 훈련하고 노력하여 누구보다 값지고 훌륭한 성공을 거두었습니다. 그는 틈 날 때마다 이렇게 말하곤 했다고 합니다.

"난 참 운이 좋다. 그래서 뭘 하든 잘 될 것이다."

주변을 둘러보면 보통 사람들은 실패의 원인을 자기의 탓이 아니라 외부환경에서 찾는 경우가 많습니다. 가난한 부모를 만나 공부를 못 했기 때문에, 또는 건강이 허락하지 않아서, 또는 운이 없어서 등 불평불만의 이유도 다양합니다.

그러나 마쓰시다 회장의 경우뿐만 아니라 불우한 환경과 역경을 극복하고 성공한 분들의 일대기를 들여다보면 누구나 불타는 꿈과 정열, 겸손함과 성실한 삶의 자세를 발견하게 됩니다. 그들에게는 열악한 환경은 문제가 되지 않았습니다. 불평과 불만으로 시간을 허비하지도 않았습니다. 주어진 현실을 받아들이고 그 현실을 탈피하기 위하여 묵묵히 자기의 목표를 향하여 일했을 뿐입니다.

자본주의 사회에서 가난과 빈곤, 그로 인하여 못 배운 것은 말할 수 없는 큰 무게와 짐으로 인간의 삶을 짓누르곤 합니다. 많은 사람들이 이 때문에 좌절하고 실의에 빠지기도 합니다. 그러나 어려운 환경에서도 항상 감사할 줄 알고, 겸손하며, 직원을 사랑했던 마쓰시다 회장의 역발상과 긍정의 인생철학은, 많은 사람들에게 감동을 줍니다.

현재 코로나19 사태와 같은 어려운 환경을 헤쳐 나가고 있는 많은 사람들과, 회사의 경영난으로 고민하는 모든 기업인들과 직장인들뿐만 아니라 앞으로 무한히 성장해 나갈 젊은이들에게, 마쓰시다 회장의 이야기는 효와 인도의 정신이 무엇인지, 긍정의 역발상이 어떤 것인지 일깨워 줍니다. 효와 인도의 정신을 실천한다면 '하늘은 스스로 돕는 자를 돕는다.'는 진리도 보여주고 있습니다.

록펠러의 새로운 인생

삶의 가장 큰 목적은 '행복의 추구'입니다.

그렇다면 행복한 사람과 불행한 사람의 차이는 무엇일까요?

미국 제16대 대통령 링컨은 "사람은 행복하기로 마음먹은 만큼 행복하다."고 말했습니다. 앞이 안 보이고 말할 수도 들을 수도 없었으면서도 박사학위까지 취득하였던 미국의 작가 겸 사회사업가 헬렌 켈러 여사는, "행복의 문 하나가 닫히면 다른 문이 열린다. 그러나 우리는 닫힌 문만 멍하니 바라보다가 우리를 향해 열려 있는 다른 문을 보지 못한다."고 말했습니다.

미국의 전설적인 가문인 록펠러가(家)의 시조인 존 데이비슨 록펠러(John Davison Rockefeller)는 캘리포니아에서 금광이 발견되어 이주민들이 몰려들던 서부 시대가 개막하기 10년 전인 1839년 7월 8일 미국 뉴욕에서 태어났습니다. 부자도 아니고 가난하지도 않은 평범한 집안이었습니다.

20세기 초 '미국의 석유왕'이라고 불린 록펠러는 이미 1878년 4월, 미국 전체의 정유 능력에 해당하는 연간 360만 배럴을 차지하고 있었습니다. "신대륙 개척이 시작될 때, 영국 여왕으로부터 독점사업권을 하사받은 경우를 제외하곤, 이 땅에 이런 절대적인 독점은 존재하지 않았다."고 할 정도로 1881년에는 록펠러가 미국에서 생산되는 석유의 95%를 손에 쥐고 있었습니다.

그러나 존 데이비슨 록펠러라는 이름은 한때 미국에서 가장 혐오스러운 인물의 대명사였으며, 그는 '재벌의 횡포'라는 오명과 함께 악덕 기업인의 대명사로 불리는 불명예를 안았습니다. 많은 사람들이 그의 악행에 대해 규탄과 혹평을 했고, 1901~1909년까지 제26대 미국 대통령으로 재임한 시어도어 루즈벨트(Theodore Roosevelt)조차, "그 부를 가지고 얼마나 많은 선행을 하든지 간에 그 부를 쌓으며 저지른 악행을 보상할 수는 없다."고 말할 정도였습니다.

그러한 악평에도 불구하고 '석유왕' 록펠러는 당대를 같이 살았던 미국의 신화적인 부자들인 '철강왕' 앤드류 카네기(Andrew Carnegie), '은행가' J. P. 모건(Morgan)과 더불어 현대 경영자들에게는 별과도 같은 존재입니다. 그의 재산 가치는 마이크로소프트사를 세운 빌 게이츠의 3배 정도라고 하며, 엄청난 기부금을 낸 자선 사업가이기도 합니다. 그의 경영기법과 근검, 성실, 절약정신을 그대로 따라하는 유명한 기업가들이 지금도 많이 있습니다.

미국이라는 거대한 나라에서 생산되는 석유의 95%나 독점한 '석유왕' 록펠러는, 무자비한 기업인이었습니다. 말 그대로 '피도 눈물도 없이' 다른 기업을 흡수·통합하고, 시쳇말로 돈 되는 일이라면 무엇이든지 하는 악덕 기업의 전형이었습니다.

다른 한편으로는 술과 여자를 멀리하였을 뿐 아니라 음악이나 미술 감상도 하지 않았습니다. 오직 자신의 집무실에 앉아서 들어오는 돈과 나가는 돈을 세밀히 계산하면서, 자신에게 이토록 거대한 재산을 내려주시는 하나님의 은총에 감사하는 건실한 사람이었습니다. 그런 록펠러가 자선사업을 시작하게 된 계기는 조그만 사건 때문이었습니다.

록펠러는 53세에 세계 최대의 갑부가 되었습니다. 그러나 행복하지는 않았습니다. 55세에 불치병으로 1년 이상 살지 못한다는 선고를 받고, 착잡한 마음으로 최후 검진을 받기 위해 병원에 갔습니다. 휠체어를 타고 병원 로비에 이르렀을 때, 벽에 걸린 액자에 쓰인 '주는 자가 받는 자보다 복이 있다.'는 글이 눈에 들어왔습니다. 그 글을 보는 순간, 록펠러는 눈물이 나고 선한 기운이 온 몸을 감싸는 가운데 눈을 지그시 감았습니다.

조금 후 입원비 문제로 다투는 소리에 정신을 차리게 되었습니다. 병원에서는 입원비가 없으면 입원이 안 된다고 하고, 환자의 어머니는 울면서 사정하고 있었습니다. 록펠러는 곧 비서를 시켜 병원비를 지불하게 하고 누가 지불했는지 모르게 했습니다.

얼마 후 은밀히 도운 소녀가 회복되었다는 소식을 들었습니다. 록펠러는 너무나 행복했습니다. 그는 자서전에 '저는 이렇게 행복한 삶이 있는 줄 몰랐습니다.'라고 기록할 정도였습니다.

그때부터 록펠러는 나눔의 삶을 시작했고, 그렇게 사는 사이 신기하게도 그의 병은 씻은 듯이 사라졌습니다.

그 후 록펠러는 시카고대학을 설립하여 많은 인재들을 길러냈고, 의학연구소를 세워 각종 전염병과 폐렴, 소아마비와 매독 등을 치료할 백신을 개발해 인류의 번영에 공헌했습니다.

급기야는 이 모두를 통합해 '록펠러재단'을 세우고, 전 세계의 가난한 이웃을 돕기 시작해 오늘날에 이르렀습니다.

미국 뉴욕의 명소인 '록펠러센터'는 1930년대 대공황을 맞아 일자리 창출을 위해 시작된 건축물이었습니다. 록펠러는 이미 100년 전, 최근에야 우리 사회에서 회자되고 있는 '따뜻한 시장경제', '기업의 사회적 책임'을 실천했던, 선구자적인 인물이었습니다.

이후 수많은 기업가나 부자들이 록펠러처럼 자신의 부를 사회에 환원하거나 뜻있게 사용하는 일을 명예롭거나 당연히 해야 할 일로 여기게 되었던 것입니다. 그는 98세까지 살면서 어려운 사람들을 돕는 자선사업에 힘썼다고 합니다.

재산이 많으면 과연 행복할까요? 사람의 욕심은 끝이 없기에 재산이 많은 사람들은, 그보다 재산이 더 많은 사람들과 비교하면서 더 부자가 되려고 돈을 아끼다 보니, 인색한 사람이란 소리를 듣기 일쑤입니다. 그러나 진정한 행복이란, 외형적인 조건보다 자신만의 삶에 만족하며 자신보다 어려운 이웃과 나눔을 실천하는 데서 오는 만족감이 아닐까요?

러시아의 대문호 톨스토이는 세상에서 가장 중요한 때는 바로 지금 이 순간이고, 세상에서 가장 중요한 사람은 바로 지금 여러분 옆에 있는 사람이며, 세상에서 가장 중요한 일은 바로 지금 여러분이 하고 있는 일이라고 했습니다.

지금 자신이 처하고 있는 상황에서 긍정과 낙관, 효와 인도정신을 바탕으로, 지금 옆에 있는 사람과 함께 자기가 하는 일을 즐기면서 나누는 삶을 살아갈 때, 진정한 행복이 온다는 걸 '석유왕' 존 록펠러는 보여주고 있습니다.

조지 워싱턴 대통령의 어머니

"어머니는 밤마다 아이들을 둘러앉혀 놓고 책을 읽어 주셨는데, 표준적인 고전이나 문학작품에서 뽑아낸 종교적·도덕적 교훈들이 대부분이었다."

조지 워싱턴의 어머니 메리 볼(Mary Ball) 여사에 대한 회고입니다. 어릴 때부터 어머니의 영향이 컸다는 이야기로, 대통령이 된 후 "나의 과거, 현재, 미래, 그리고 나의 운명은 모두 어머니에게서 물려받은 것이다."라고 말했을 정도입니다.

조지 워싱턴이 대통령이 된 후 처음으로 고향인 마운트 버넌(Mount Vernon)을 방문했을 때의 일화는 그의 어머니가 얼마나 자신의 소명에 충실한 삶을 살았으며 그것이 그의 아들에게 얼마나 큰 영향을 주었는지 잘 보여주고 있습니다.

대통령이 된 조지 워싱턴이 처음으로 어머니가 살고 있는 고향을 방문했습니다. 보통 어머니 같으면 집도 깨끗이 수리하고 요리사도 부르고 하여 큰 잔치를 벌였겠지만, 그의 어머니는 평소와 다름없는 소박한 옷차림으로 아들을 맞았습니다. 빵가루가 묻은 손을 앞치마로 닦으며, 어머니가 대통령 아들에게 한 첫 마디는 이랬습니다.

"조지, 정말 잘 왔다. 내가 지금 너에게 주려고 맛있는 과자를 만들고 있는 중이란다."

그렇게 아들 손을 한 번 잡아본 어머니는 곧장 주방으로 들어갔습니다.

대통령을 따라온 수많은 수행원들은 '이 분이 정말 대통령의 어머니란 말인가?' 하고 놀랐지만, 정작 대통령은 더없이 기쁜 표정으로 일행을 돌아보며 말했습니다.

"여러분, 제 어머니께서 과자를 만들어 주신답니다. 어머니는 제가 어릴 때부터 과자를 아주 잘 만드셨어요. 자, 다들 안으로 들어가 맛있게 먹읍시다."

일행이 비좁은 집 안에 들어가 간신히 자리를 잡고 앉았을 때, 조지 워싱턴이 주방의 어머니께 다가가 말했습니다.

"어머니, 이제는 직접 일을 하지 마세요. 어려운 일은 하인들에게 시키시고 그저 감독만 하십시오."

그러나 그의 어머니는 고개를 저으면서 말했습니다.

"아니다. 대통령이 나온 마을에서 가난한 사람들이 나 때문에 손해를 보거나 내가 오히려 어려운 사람들에게 폐를 끼쳐서는 안 된다. 그리고 가족들에게 음식을 만들어주는 것은 내가 하나님으로부터 받은 소명이다. 나는 앞으로 더 많은 사람들에게 음식을 만들어줄 것이다. 그리고 가난한 사람들도 도울 생각이다. 내가 하는 일은 너와는 상관이 없다. 만일 대통령인 내 아들이 나에게 끝내 일하기를 그만두라고 한다면 나는 대통령의 어머니 따위는 언제라도 그만둘 것이다."

이 말을 듣고 사람들은 그 높은 기품과 정신에 감동할 수밖에 없었습니다.

역시 그 어머니에 그 아들이란 말이 딱 어울립니다.

조지 워싱턴의 어머니는 오히려 아들이 대통령이 되기 전보다 더 많은 일을 했습니다. 그리고 소박하게 살며 가난한 사람들에게 더 많은 도움을 주었습니다. 그녀는 하나님과 사람들 앞에 결코 부끄러움이 없기를 바라는 마음으로 살았습니다. 그녀는 자신의 소명을 인식하고 철저하게 그 소명대로 살고자 했습니다. 동네 사람들은 이런 그녀를 보고 '대통령보다 더 훌륭한 어머니'라고 불렀습니다.

　미국의 가장 존경받는 대통령으로 손꼽히는 조지 워싱턴 대통령 뒤에는 이렇게 훌륭한 어머니가 있었습니다. 겸손하게 하나님을 섬기며 열심히 일하면서 사람들을 사랑한 어머니, 하나님께서 주신 소명에 충실하라고 가르친 어머니, 무엇보다 그 자신부터 하나님으로부터 받은 소명에 충실하게 살았던 어머니였습니다.

　이런 어머니의 영향으로 조지 워싱턴은 대통령직을 훌륭히 수행하였으니, 이 또한 효행의 바람직한 실천이라고 할 수 있을 것입니다.

빌 게이츠 어머니의 편지

한국은 6.25 전쟁 이후의 폐허에서도 짧은 시간에 경제발전에 성공하여 '원조를 받던 나라'에서 '원조를 주는 나라'로 국가적 위상이 바뀐, 지구상에서 유일한 나라입니다. 1948년 정부수립 이후 70여 년 만에 선진화와 민주화를 동시에 이루어 가는 저력도 선보였습니다.

최고의 대학 진학률과 최저의 문맹률, 조선·반도체·자동차 등에서 보여준 뛰어난 세계적 기술수준 등도 빼놓을 수 없습니다.

1997년 외환위기 및 2007년 경제위기도 다른 나라에 비해 신속하고 슬기롭게 이겨낸 자랑스러운 경험이 있어, 한국의 경제는 모든 개발도상국의 모델이 되고 있습니다.

하지만 그에 따른 황금만능주의 사상과 극단적인 경쟁 위주의 교육으로, 최근에는 가족공동체의 해체, 극심한 빈부의 격차, 빈번한 성폭력, 세계 최고의 자살률 등 수많은 사회문제들이 발생하고 있습니다.

이러한 원인은 여러 가지가 있겠지만 가정교육과 인성교육의 부재가 낳은 물질만능주의의 결과일 수도 있습니다. 이러한 문제를 해결하기 위해서는 개개인의 변화를 유도할 수 있는 교육제도의 변화뿐만 아니라, 훌륭한 가정의 형성과 부부의 가정교육이 이루어질 때 성공할 수 있을 것입니다.

우리는 누구나 자식을 훌륭한 인물로 성장시키고 싶어 합니다. 그러나 마음대로 되지 않는 것이 자식교육이기에 성공적으로 자식교육을 시킨 사람들로부터 무언가 배우길 원합니다. 마이크로소프트의 창업자인 빌 게

이츠(Bill Gates)의 아버지인 게이츠 시니어(Gates Senior)가 쓴 책 『게이츠가 게이츠에게』를 읽다 보면, 훌륭한 사람 뒤에는 훌륭한 부모가 있다는 생각을 하게 됩니다.

여기서는 빌 게이츠의 아버지 이야기가 아니라 빌 게이츠의 어머니가 손주들에게 쓴 편지와 암 투병 중에도 며느리가 될 멜린다(Melinda)에게 보낸 결혼축사를 통하여, 빌 게이츠의 부모가 아들인 빌 게이츠와 두 딸인 크리스티(Kristianne)와 리비(Libby)를 키운 교육 방법을 알아보고 우리가 배울 수 있는 것은 무엇일까 생각해 보고자 합니다.

빌 게이츠의 여동생이 대신 정리한 '손주들에게 쓴 편지'

이 편지는 빌 게이츠의 어머니가 직접 쓴 편지는 아닙니다. 빌 게이츠의 여동생인 리비가 암 투병 중인 어머니에게 "돌아가신 할머니를 기억하지 못할 수도 있는 손주들을 위해 편지를 써 주세요." 하고 요구했지만, 빌 게이츠의 어머니는 이를 지키지 못한 채 세상을 떠나고 맙니다. 이것은 리비가 어머니의 장례식 추도사로 자신의 어린 두 아이들에게 할머니를 대신하여 쓴 편지입니다.

할머니가 돌아가시기 몇 달 전, 엄마는 너희들을 위해 할머니에게 손주들을 위하여 '할머니의 교훈'이라는 편지를 써달라고 부탁했단다. 하지만 할머니는 끝내 그 부탁을 들어주실 수 없으셨구나. 그래서 할머니를 생각하며 엄마가 대신 써보았단다.

첫째, 모든 시계를 8분 일찍 맞추어라. 제 시간에 맞추기 위해 할머니가 쓰시던 방법이었단다.

둘째, 테니스를 칠 때는 부드러운 '드롭 샷(drop shot)' 서브가 중요하다. 할머니의 테니스 서브는 아주 부드러워서 네트를 겨우 넘기곤 했단다. 그런데 나는 할머니의 시합 상대가 그 기회를 놓칠 새라 힘주어 공을 되받아치는 순간, 공이 선 밖으로 나가거나 네트에 걸리는 모습을 수없이 많이 보았다. 바로 할머니가 득점하는 순간이었단다.

셋째, 아이들에게 화가 났을 때도 전화가 울리면 밝은 목소리로 받을 것. 할머니가 그러실 때 우리 모두 약간 어이없어 하긴 했지만 말이야.

넷째, 모든 사람을 소중한 존재로 대할 것. 할머니는 만나는 사람 모두를 자신이 특별한 사람이라고 느끼게 만드는 분이셨지. 사람들에 대한 할머니의 그런 마음은 진심에서 우러나온 것이었단다.

다섯째, 자신의 배우자를 자랑스러워할 것.

여섯째, 무엇보다 가족이 우선임을 명심할 것.

일곱째, 평소 때 목소리로 아이들을 가르칠 것.

여덟째, 무슨 일이든 즐겁게 할 것.

아홉째, 아이들에게 '뿌리'와 '날개'를 함께 줄 것. 이건 내게 가장 중요한 교훈이 되어 주었단다. 할머니와 할아버지는 이걸 아주 잘하셨지. 우리가 어렸을 때 두 분은 당신들께서 중요하다고 믿는 가치(뿌리)를 우리 자녀들에게 심어 주셨단다. 하지만 때가 되었다고 생각되면 우리를 자유롭게 놓아주시기도 하셨지(날개).

빌 게이츠의 어머니가 암 투병 중에 며느리에게 쓴 결혼 축사

빌 게이츠의 어머니가 훌륭한 어머니라는 것은 암 투병 중임에도 1994년 1월 1일 하와이의 라나이 섬에서 결혼식을 올린, 며느리인 멜린다에게 보내는 편지 형식의 결혼 축사를 통하여 고스란히 느낄 수 있습니다. 사랑과 존경의 관계를 유지하는 건강한 부부의 삶이 자녀들에게 좋은 본보기가 된다는 믿음이 들어 있습니다.

    첫째. 이제 몇 시간 뒤면 너는 결혼을 하고 우리는 한 가족이 되는구나! 빌의 아버지와 나는 결혼한 지 43년이 지났지만 지금도 여전히 결혼의 의미를 깨달아가고 있단다.
    둘째. 남편의 좋은 점을 인정하되, 남편의 모든 점을 사랑할 필요는 없단다. 남편에게 고쳐야 한다고 생각되는 점이 있지만, 이 엄마도 고치지 못한 것이 있단다. 이 말을 기억하렴. 남편을 변화시키는 일은 장기적인 계획이며 늘 성공하는 것도 아니란 것을. 때로는 자신의 기대치를 바꾸는 것도 좋은 방법일 수 있단다.
    셋째. 잔잔한 물을 기대해서는 안 된단다. 용기를 달라고 기도하렴. 그리고 유머감각을 잃지 말거라. 완벽하게 조화로운 결혼생활을 하는 부부는 이 세상에 없단다. 훌륭한 결혼생활은 노력·융통성·극기심을 필요로 하지. 사는 동안, 너희 두 사람의 관계는 확고하다는 분명한 비전을 갖는 것이 무엇보다 중요하다.
    넷째, 앞으로 매일매일, 너는 자신이 처한 환경에 겸손한 마음을 갖고 있는지 시험받게 된단다. 너희 두 사람의 일생은 결국 그 남다른 재원에 수반되는 남다른 책임의식을 인식하느냐, 못 하느냐에 따라 평가받게 된다는 걸 잊지 말거라.
    다섯째, 너도 잘 알겠지만 지난 몇 달 동안 우리 부부는 아플 때나 건강할 때나 서로를 지켜 주리라던 약속을 새롭게 되새길 기회를 가졌단다. 이 시련은 우리 부부관계에 새로운 깊이를 더해 주었단다. 물론 우리 부부의 삶이 언제나 잔잔했던 것만은 아니란다. 하지만 나는 빌의 아버지와 결혼하지 않은 내 삶을 상상할 수가 없구나! 앞으로 42년 지난 뒤, 너 역시 네 남편 빌에 대해 그렇게 생각하기를 바라며……
　　여섯째, '무릇 많이 받은 자에게는 많이 요구할 것이요.'란 성경의 누가복음 12장 48절을 항상 마음속에 간직하길 바란다.

　위의 편지에서 [6. '무릇 많이 받은 자에게는 많이 요구할 것이요.'란 성경의 누가복음 12장 48절을 항상 마음속에 간직하길 바란다.]라는 대목은 '사회에 대한 책임의식'이라는 의미와 연결되어 '빌&멜린다 게이츠 재단(Bill and Melinda Gates Foundation)'의 주요 가치가 되었습니다.
　빌 게이츠 회장은 "자식들에게 아무 것도 남겨서는 안 된다거나 자신을 위해 약간의 재산을 가져서는 안 된다고 말하지 않겠다. 그러나 재산을 사회에 환원하면 자식들은 물론 세계 모든 사람이 더 나은 삶을 영위할 것이다."라고 역설하고 있습니다. 또한 그는 "재산이 부유한 사람들로부터 가난한 사람들에게로 가야 한다고 믿는다. 그래서 기부의 즐거움을 자식들과 공유하기를 원하는 것이다."라고 강조하고 있습니다.
　'빌-멜린다 게이츠' 부부는 2007년 13억 달러(약 1조 6,000억 원)를 비롯하여 2008년 12월 말에는 400억 달러 상당의 재산의 69%인 277억 달러(약 33조 2,500억 원)를 자신들이 세운 '빌&멜린다 게이츠 재단'에 기부하여 세계의 어려운 사람들을 돕고 있습니다.

　훌륭한 사람 뒤에는 훌륭한 부모가 있듯이, 그런 부모들이 살아가는 모습을 보고 자란 빌 게이츠와 그의 누이들은 당연히 반듯하게 성장하였고, 사회에 봉사하며 재능을 나누는 바람직한 인격체로 자라난 것입니다.
　위의 이야기는 항상 서로 사랑하는 부부의 가정교육이 자녀들이 인생을 성공적으로 살아가는 데 가장 큰 주춧돌임을 강조하고 있습니다. 가정교육을 통하여 훌륭한 가치관을 가정에서부터 심어 주었기에, 현재 세계 최고 부자 중의 한 명인 아들 빌 게이츠 회장에게도 영향을 주었고, 빌 게이츠 회장은 기회 있을 때마다 부자들의 기부를 촉구하며 "자식들에게 재산을 물려주는 것보다 공유하는 것이 더 큰 기쁨"이라고 기부의 즐거움을 표현하고 있습니다.

 빌 게이츠 회장이 겸손한 부자, 존경받는 부자, 그리고 배려하는 부자로 살아갈 수 있도록 만든 힘은 반듯한 가정교육에 있었습니다. 빌 게이츠의 부모처럼 서로 사랑하고 삶을 여유롭게 바라보는 눈을 가질 때, 건강하고 행복한 가정이 만들어지며, 그러한 부모와 함께 자라는 아이들은 훌륭하게 성장해 간다는 것입니다. 우리는 빌 게이츠의 어머니가 남긴 위의 두 글을 통하여 자녀에 대한 사랑과 가르침, 다시 말해 올바른 가정교육이 자녀를 성공으로 인도한다는 평범한 진리를 배울 수 있습니다.

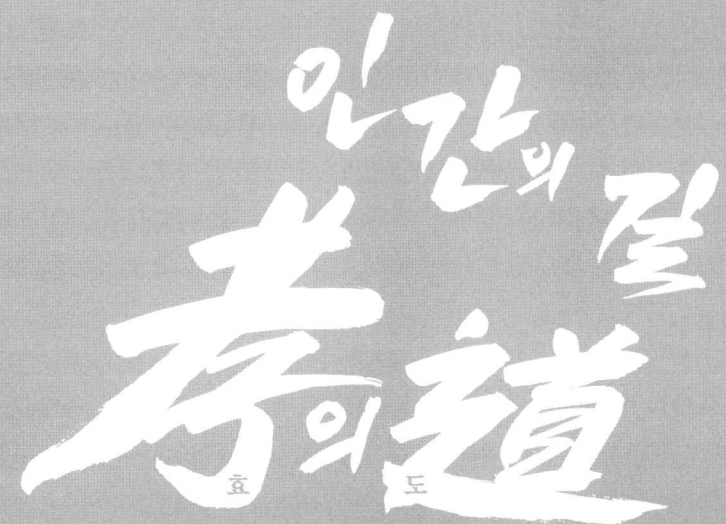

2장 가정이 편해야

그리운 할머니

살아가면서 잊어버리지 않고,
그리워할 대상이 있다는 것은 더없이 행복한 일입니다.
그리운 감정이 인생에 행복을 안겨주며
삶의 버팀목이 되어 주기 때문입니다.
지금도 '할머니'란 세 글자는 나의 마음을 설레게 하고,
기쁨과 행복을 가져다줍니다.
그러나 만날 수 없는 할머니이기에
마음속 깊숙이 묻어야만 합니다.
생각날 땐 언제 어디서나 꺼내볼 수 있는 할머니이기에
할머니 생전의 모습을 생각하면
마냥 행복해지고 편해지는 마음을 가지게 됩니다.
나의 삶을 변화시킨 사람,
내 인생의 방향을 부정에서 긍정으로, 어두움에서 빛으로,
절망에서 희망으로 바꾸어 놓은 사람.
이 사람이 바로 할머니이기에 할머니는 나의 영웅입니다.
그래서 영원히 나의 마음속에서 잊혀지지 않을 할머니!

'있을 때 잘해!'

"은혜는 바위에 새기고 원한은 냇물에 새겨라."
"배우자의 장점은 나팔로 불고 단점은 가슴에 소리 없이 묻으라."
이런 격언들이 있습니다. 부부가 살다 보면 기쁜 일도 있고 슬픈 일도 있을 텐데 그 와중에서 행복을 느끼며 살아가려면 즐거운 일만을 기억하고 살아야 한다는 뜻입니다. 그래서 프랑스 철학자 몽테뉴(Montaigne, Michel De)는 "좋은 남편은 귀머거리가 되고 좋은 아내는 장님이 되어야 한다."고 말하기도 했습니다. 이 말뜻은 배우자의 단점에 대해서는 질끈 눈을 감아 주어야 행복해질 수 있다는 뜻이겠지요.

부부 중 어느 한쪽이 먼저 세상을 떠날 때 '가는 사람'이 '남은 사람'에게 공통으로 하는 말은 짧습니다.
"여보! 미안해."
이 말속에는 참 많은 뜻을 내포합니다. 세상의 많은 짐을 맡겨 놓고 가는 것이 미안할 수도 있고, 함께 살아오면서 좀 더 잘해 주지 못한 것이 미안할 수도 있고, 그동안 마음 아프게 한 것이 미안할 수도 있습니다. 특히 재산은 남겨 놓은 게 없는데 앞으로 성장할 어린 자녀들을 모두 남겨 놓고 가는 것이 미안할 수도 있습니다.

왜 떠나는 사람은 남은 사람에게 "미안하다. 용서해 달라."고 말하는 것일까요? 그것은 너무나 많은 상처를 주고받으며 살아온 참된 의미를 이제

비로소 깨달았는데, 먼저 떠나는 것이 미안해서일 것입니다.

 만약 배우자가 1개월 시한부의 삶이 남았다고 상상해 볼까요? 내가 배우자를 위해 무엇을 해줄 수 있을까요? 떠나는 사람은 "미안하다."는 말을 남기지만 남은 사람은 무슨 말을 할 수 있을까요? 우리는 살아가면서 진정 소중한 것을 너무 가볍게 여기는 경향이 있습니다. 떠나고 나면 좀 더 잘해 주지 못한 것이 아쉽고 안타깝습니다. 그러나 함께 있을 때는 나의 소중한 배우자를 일상에 묻어 버리고 마는 것이 우리의 삶입니다.
 공기와 물은 생존을 위해 꼭 필요한 것이지만 우리는 값없이 제공받는 그것의 소중함을 잘 모르고 지나칩니다. 유희와 쾌락을 위해 소중한 시간과 돈을 허비하면서도, 진정 소중히 해야 할 가정과 내 인생의 배우자에 대해서는 너무도 무관심한 삶을 살고 있지는 않은가요? 가정은 인생에서 가장 중요한 일터입니다. 가정을 잃으면 모든 것을 잃은 셈입니다. 그래서 이런 말도 생겨났겠지요.
 "있을 때 잘해!"

 사람은 어떤 마음을 품고 사느냐에 따라 생활 자세가 달라지게 마련입니다. 행복하길 원한다면 상대의 좋은 점만 볼 수 있는 눈을 가져야 합니다. 각박하고 무서운 세상, 언제 갈라설지 몰라 혼인신고도 안 한다는 세태입니다. 헤럴드경제는 "아내를 위해 쌓은 6,000개의 '하늘 계단'"이라는 기사를 통하여 아직도 사랑의 힘은 죽지 않았고, 또한 참사랑이 무엇인지를 우리에게 일깨워 주고 있습니다.

>　　소련 공산당 서기장 흐루시초프의 스탈린 비판으로 중·소 이념분쟁
>　　이 일기 시작했던 때다. 충칭(重慶)시 중산구(中山古) 가오탄(高灘)촌에

살던 20살 청년 류궈장(劉國江)은 그보다 10살 연상이며 아이가 넷 딸린 과부 쉬차오칭(徐朝淸)과 사랑에 빠졌다.

어렸을 때부터 같은 마을에 살던 두 사람이 보다 가까이 접하게 된 계기는 쉬차오칭 씨의 자살 시도였다. 과부가 되어 아이들과 홀로 남겨진 쉬차오칭 씨는 어느 날 막내를 등에 업고 물에 뛰어들었다. 마침 류궈장 씨가 나타나 쉬차오칭 씨를 구해주면서 '러브스토리'는 시작됐고, 결국 부부의 인연을 맺게 된다.

그러나 주변의 소문과 시선은 따가웠다. 두 사람은 결국 아이들을 데리고 인적이 없는 해발 1,500m의 깊은 산속으로 들어갔다. 화전을 일구고 가축을 치는 고된 일과에도 류궈장 씨는 사랑하는 아내의 안전한 산행을 위해 수직에 가까운 절벽에다 돌계단을 만들기 시작했다. 50여 년이 넘게 오로지 망치와 정 그리고 삽 하나로 6,000개의 '사랑의 하늘계단(愛情天梯)'을 놓았다. 계단 옆에는 작은 구멍을 따로 만들어 손으로 중심을 잡을 수 있도록 세심하게 배려했다.

그러다 지난 2007년 '한평생의 보살핌'을 보여준 류궈장 씨가 병사했다. 계단을 오르내릴 때마다 자신의 발밑에서 사랑을 느껴왔던 쉬차오칭 씨도 남편을 그리워하다가 하늘나라로 떠나갔다.

두 사람의 이야기는 우리 마음에 잔잔한 감동을 줍니다. 갈수록 세상인심이 각박해지고 사랑도 인스턴트로 변하면서 이제 '사랑'이란 두 글자는 돈, 집, 자동차, 심지어는 '부모'의 경제력과 결부되는 시대입니다. 우리에게 사랑에 대한 재인식과 진지한 반성을 가져다줍니다.

가난한 두 사람에겐 달콤한 사랑의 선언도, 반짝거리는 결혼반지도, 화려한 결혼식도 없었습니다. 그러나 류궈장 씨는 사랑하는 여인을 위해 반세기가 넘게 '사랑의 길'을 만들었습니다. 그것도 망치와 정 그리고 삽 하나로……. 류귀장 씨는 6,000개의 계단을 통해 자신이 진실로 사랑하고 있다는 사실을 증명하였습니다.

이는 남자건 여자건 직장이 없고 수입이 없으면 연애할 자격도 없고, 서로가 재력이나 집안배경을 따져본 후 결혼 상대를 선택하면서도, '사랑한다!'를 남발하며 살아가는 우리 세대 젊은이들의 행태보다, 백 배 천 배 나은 사랑의 표현입니다.

인생을 살아가면서 부부관계는 수많은 힘겨운 시기를 거치게 마련입니다. 두 사람 가운데 누군가 힘겨워할 때 잠시 한 걸음 뒤로 물러나, 상대방의 마음을 다치지 않을 단 한 마디의 조언이나 행동을 곰곰이 떠올려 보실 때가 있었는지요?

상대방에게 필요한 것은 스스로를 헤아려볼 시간일 뿐 상대방이 당신을 싫어하고 멀리하는 게 아니라는 걸 잊어서는 안 됩니다.

상대방이 침묵하더라도 그것은 당신과 함께이길 원치 않아서가 아니라, 단지 힘겨운 시기를 헤쳐 나갈 지혜를 떠올리고 있기 때문일지도 모릅니다. 서로에게 좀 더 인내심을 가지고, 서로의 속마음을 존중하며, 서로를 말없이 지켜보면서 각자의 마음에 사랑의 힘을 길러낸다면 훨씬 더 슬기롭게 어려운 시기를 견뎌내고 극복할 수 있을 것입니다.

옷깃만 스쳐도 인연입니다. 서로 성장 배경이 다른 두 사람이 만날 확률은 최소한 지구상의 인구 70억 분의 1입니다. 정말 섬뜩할 정도로 기적적인 확률로 만났으니 그 얼마나 소중한 인연인가요.

함께 인생을 살아간다는 사실은 많은 것을 얻는 동시에 또한 많은 것을 포기해야만 하는 과정입니다.

그 기적 같은 인연을 끝까지 소중하게 지켜가기 위하여, 너와 내가 아니라 우리가 되어야 합니다. 그래서 가끔은 한 발자국 뒤로 물러서서 기다릴

줄 아는 여유와 인내가 더욱 필요하기도 합니다.

  열 길 물속은 알아도 한 길 사람 속은 모르겠다며 하루가 다르게 메말라 가고 불신하는 세상, 그 속에서도 '진실한 사랑'을 실천하는 사람들이 많아지면 우리의 가정, 사회, 국가는 더욱 정이 많아지고 따뜻해질 것입니다. 그래서 두 사람의 순애보는 '사람은 유한하지만 사랑은 영원하다.'는 말을 우리 가슴속에 심어주고 있습니다.

세 가지 복 받는 방법

먼저 1년 중 가장 더운 8월의 무더위에도 신랑 ○○○군과 신부 ○○○양의 결혼을 축하하러 참석해 주신 신랑 신부의 가족 친지 및 직장 선후배 여러분께 양가와 신랑 신부를 대신하여 감사의 말씀을 드립니다. 부족한 제가 오늘 주례를 맡아 이 자리에 서게 된 것은 신부 측 집안과 오랜 세월 친구로 지내온 인연 덕분입니다. 또한 신랑은 고려대 후배도 되고요.

오늘 결혼하는 신랑 신부에게 세 가지 복 받는 방법을 알려주고자 합니다. 세 가지 복이 무엇이냐 하면 '부모 복, 배우자 복, 자식 복'을 말합니다.

인생의 수많은 복 중에서 가장 큰 복이 인연 복이고 인연 복에 세 가지가 있다는 말입니다. 첫째는 '부모 잘 만난 복.' 둘째는 '배우자 잘 만난 복.' 셋째는 '자식 잘 만나는 복'이 그것입니다.

오늘 결혼하는 신랑과 신부는 부모를 잘 만나 좋은 교육을 받고 서울의 명문대학교를 졸업한 후 누구나 선망하는 좋은 직장을 다니고 있으니 부모를 잘 만난 첫 번째 복을 이루었습니다. 또 저에게 인사하러 온 두 사람을 만나 이야기를 나누어 보니 정말 잘 만난 천생연분이구나 하는 확신이 들었으니, 배우자도 잘 만난 두 번째 복도 이루었습니다.

그러면 부모를 잘 만난 복과 배우자를 잘 만난 복 두 가지를 잘 지켜가면서 앞으로 맞이할 세 번째 복인 자식을 잘 만나 행복한 가정을 만드는 방법으로 세 가지를 말씀드리는 것으로 제 주례사를 대신할까 합니다.

첫째, 부부가 된 오늘부터 서로가 상대방이 나와 다름을 알고 살도록 노력해야 합니다.

여러분! 밤하늘의 별을 보신 적이 있나요? 수많은 별 중의 하나인 지구에서 태어나 모래 알 같이 많은 사람 중에서 만난 인연이 결혼이니 얼마나 큰 인연입니까? 그러면 인연 중에서도 가장 큰 인연으로 만난 결혼의 목적은 무엇입니까?

결혼의 목적은 '행복'입니다. 그런데 행복하려면 어떻게 해야 할까요? 행복하려면 매 순간, 순간 자기가 하는 일을 즐기면서 살도록 노력해야 합니다. 그 노력 중에서 가장 중요한 것은 바로 상대방이 나와 다르다는 점을 부부가 서로 인정하고 살려는 노력입니다. 그때 자녀들도 부모로부터 상대방을 인정하고 배려하는 것을 배우게 됩니다.

둘째, 부부관계가 '모든 관계의 근본'입니다.

수많은 관계 중에서도 가장 근본은 가정에서의 부부관계입니다. 부부 사이에 내가 먼저 상대의 다른 점을 인정하고 덕 보려는 마음을 버린다면, 그것이 곧 나에 대한 존중과 배려로 돌아와 행복하고 즐거운 가정이 됩니다. 그 속에서 자녀들도 부모로부터 관계의 중요성을 배워 훌륭한 자녀로 성장하게 됩니다.

다른 사람의 마음을 얻는 관계도 중요하겠지만 무엇보다도 배우자와 자녀의 마음을 얻는 관계가 행복한 가정을 이루며 사회적으로 성공하는 데 매우 중요합니다. 미국의 카네기멜론 대학에서 성공하여 행복하게 살아가는 사람들을 조사한 결과 85% 이상이 좋은 학벌과 가문, 돈보다는 관계를 잘한 사람들이었다는 결과를 발표하기도 했습니다.

제가 지금까지 살아오는 동안 많은 사람들을 만나면서 공통점을 하나 발견했습니다. 가정에서 말다툼을 하고 나온 사람과 편안하게 가정에서 출근하는 사람은 얼굴 표정부터 다르고, 일하는 태도도 다르다는 것입니다. 가정이 편안하지 않은데 직장에 나가서 사람들과 관계를 잘할 수 있고 일에 집중할 수 있을까요?

셋째, '효를 실천하는 가정'으로 가꾸기 바랍니다.
제가 연구하고 경험한 바에 의하면 관계를 잘하는 사람들은 효를 실천하는 사람들이었습니다. 효는 영어로 HYO, 즉 'Humanity between/of Young and Old'입니다. 이것은 부모와 자식 간의 조화, 남편과 아내의 조화로 풀어 쓸 수 있습니다.

전혀 다른 두 사람이 만나 '배우자의 다른 점'을 인정하고, 조화를 이루어가는 것이, 효를 실천하는 가정입니다. 찰떡궁합이라는 것은 아내와 남편의 관계가 효의 정신, 즉 조화를 이루는 관계로 살아간다는 뜻입니다. 다시 말해 가정에서부터 부부간에 상대방의 다름을 인정하면 조화의 정신, 즉 효의 정신이 저절로 생겨 어른들께 효도하게 되며, 자녀들은 부모님을 본받아 저절로 효를 실천하는 훌륭한 자녀들로 성장한다는 것입니다.

『명심보감(明心寶鑑)』 치가(治家) 편에 나오는 자효쌍친락(子孝雙親樂) 가화만사성(家和萬事成), 즉 "자식이 효도하면 부모가 즐거워하고, 가정이 화목하면 만사가 이루어진다."는 말은 오랜 세월 동안 불변의 진리로 내려왔습니다.

마지막으로 주례의 바람은 두 사람이 앞으로 부부로서 행복하게 잘 살아가는 것입니다. 그래서 두 분께 부탁드립니다. 살아가면서 혹시 조언이 필요할 때는 주례를 인생의 선배이자 멘토로 알고, 언제라도 찾아와서 상의해 주길 바랍니다.

저의 짧은 주례사가 한 쌍의 부부가 새로운 인생을 행복하게 살아가는 데 조금이나마 도움이 되길 기대해 봅니다. 부디 매일 매일 서로의 다름을 인정하며, 좋은 관계를 맺어 조화와 효를 실천하는 행복한 가정이 되길 빕니다. 마지막으로 두 분의 결혼을 축하드리며 제가 좋아하는 아파치족 인디언들의 결혼 축시를 주례의 선물로 낭송해 드리고자 합니다.

이제 두 사람은 비를 맞지 않으리라
서로가 서로에게 지붕이 되어 줄 테니까.

이제 두 사람은 춥지 않으리라
서로가 서로에게 따뜻함이 될 테니까.

이제 두 사람은 더 이상 외롭지 않으리라
서로가 서로에게 의지함이 될 테니까.

이제 두 사람은 두 개의 몸이지만
두 사람 앞에는 오직 하나의 인생만이 있으리라.

이제 그대들의 집으로 들어가라
함께 있는 날들 속으로 들어가라

이 대지 위에서 그대들은
오랫동안 행복하리라

아버지 맥아더의 기도

여성가족부가 발표한 가족 실태조사에 의하면, 대부분의 청소년들은 자신의 고민을 의논할 수 있는 상담대상으로 1위 친구(50.4%), 2위 어머니(29%)를 선택했고 아버지를 선택한 비율은 0.9%에 불과하다는 충격적인 조사결과가 나왔습니다. 이는 1,000명 중에 겨우 9명의 청소년만이 아빠에게 고민을 털어놓는다는 사실로, 아이와 소통하지 못하는 아빠가 대부분인 놀라운 현실을 보여줍니다.

또한 인터넷에 한 초등학생이 쓴 <아빠는 왜>라는 제목의 시에는 이런 내용도 있습니다.

엄마가 있어 좋다. 나를 이해해 주어서
냉장고가 있어 좋다. 나에게 먹을 것을 주어서
강아지가 있어 좋다. 나랑 놀아주어서
아빠는 왜 있는지 모르겠다.

아버지가 자녀의 대화상대 역할을 충분히 하지 못하고 있다는 사실을 보여주는 내용입니다. 가장으로서, 직장인으로서 고달프고 힘겨운 하루하루의 삶이 가정에서 아버지 역할을 소홀하게 만든 탓도 있겠지만, 내가 바쁜 것은 모두 가족을 위한 것이라 믿으며 진정한 아버지의 역할인 자녀에 대한 관심과 대화에는 신경을 쓰지 않는 결과로 생각됩니다.

자녀가 지금 무엇을 하고 있으며, 무엇에 관심을 가지고 있는지 알기 위해 노력하고 대화를 위해 조금이라도 노력하신 적이 있나요? 돈만 벌어다 주면 아버지로서의 역할은 다하였다는 잘못된 아버지의 사고방식을 가졌다고 생각해 보신 적은 있었나요?

아버지 여러분! 지금도 늦지 않았습니다. 자녀들에게 진정한 아버지의 모습을 보여주고 싶지 않으신가요?
그러려면 자녀들에 대한 관심과 배려, 자녀들의 목소리를 경청하는 자세를 가지고 먼저 자녀들에게 다가가야 합니다.
직장일로 가정에서의 대화시간이 부족하다면 요즘은 SNS 시대이니 바쁜 중에도 틈을 내어 자녀들과 소통을 하시기 바랍니다. "요즘 아빠가 바빠서 너의 곁에 있어주지 못해 미안하다."고 아빠의 바쁜 사정을 사실대로 설명해 주거나, 문자로 남기면 자녀들은 아버지의 노고와 관심에 보답하기 위해서라도 자기의 본분에 더욱 충실할 것입니다. 그리고 기회가 될 때마다 꺼안아주고 격려해주면 아버지가 항상 자녀들과 함께하고 있다는 믿음과 확신을 심어줄 것입니다.

영국 뉴캐슬 대학의 심리학과 교수인 대니얼 네틀(Daniel Nettle) 박사가 주도한 연구진은 학술지 <진화와 인간행동>에 게재한 연구 보고서에서, 1958년 출생한 영국인 남녀 1만 1,000명 이상을 대상으로 아버지가 자녀들에게 미치는 영향을 연구한 결과를 다음과 같이 발표했습니다.
"어린 시절 아버지의 적극적인 양육 태도로 아버지와 많은 시간을 보낸 사람이 사회적 적응력과 지능지수가 높다."
또한 연구진은 어린 시절 아버지와 독서나 여행 등 흥미롭고 가치 있는 일에 시간을 많이 보낸 사람들은 그렇지 못한 사람들보다 IQ가 더 높고

사회적으로 출세할 가능성이 컸으며, 이와 같은 차이는 42세의 나이가 되기까지 뚜렷하게 감지되었다는 연구 결과를 발표했습니다. 조사를 실시한 대니얼 네틀 박사는 "어린 시절 어머니뿐만 아니라 아버지의 관심 속에 자란다는 게 성인 시절 내내 세상을 살아가는 기술과 능력에 혜택을 준다."고 말했습니다.

"노병은 죽지 않고 사라져갈 뿐이다."라고 말했던 미국의 맥아더 장군은 훌륭한 군인이기도 하였지만 좋은 아버지이기도 했습니다. 그가 자기 아들을 위해 바쳤다는 기도문을 읽으면서 오늘날 아버지로서의 역할을 반성해 보고자 합니다.

> 저의 자식을 이러한 인간이 되게 하소서.
> 약할 때 자기를 잘 분별할 수 있는 힘과
> 두려울 때 자신을 잃지 않는 용기를 가지고
> 정직한 패배에 부끄러워하지 않고 태연하며
> 승리에 겸손하고 온유할 수 있는 사람이 되게 하소서.
>
> 그를 요행과 안락의 길로 인도하지 마시고
> 곤란과 고통의 길에서 항거할 줄 알게 하시고
> 폭풍우 속에서도 일어설 줄 알며
> 패한 자를 불쌍히 여길 줄 알도록 해주소서.
>
> 그의 마음은 깨끗이 하고 목표는 높게 하시고
> 남을 다스리기 전에 자신을 다스리게 하시며
> 미래를 지향하는 동시에 과거를 잊지 않게 하소서.

그 외에 유머를 알게 하시어
인생을 엄숙히 살아가면서도 삶을 즐길 줄 아는 마음과
자기 자신을 너무 드러내지 않고 겸손한 마음을 갖게 하소서.

그리고 참으로 위대한 것은 소박한 데에 있다는 것과
참된 힘은 너그러움에 있다는 것을 항상 명심하도록 하소서.

그리하여 그의 아비인 저는 헛된 인생을 살지 않았다고
나직이 속삭이게 하소서.

  자녀의 미래는 돈으로 살 수 없습니다. 아버지에게서 배우는 꿈, 용기, 지혜, 그리고 사랑이야말로 이 세상 그 누구보다 특별한 존재로 자라게 할 최고의 영양제입니다.
  아버지의 인정을 받고 자란 자녀, 아버지의 극진한 사랑을 받고 자란 자녀는 어떠한 어려움과 곤경에 처하더라도 결코 좌절하거나 절망하는 일이 없습니다. 그것은 자녀의 마음속 깊이 인도의 정신, 즉 효의 정신이 자리 잡고 있기 때문입니다.

부부 사랑과 자녀교육

부부간에 지나침도 모자람도 없는 사랑을 나누다가 "난 당신 만나 참 행복했소."라며 눈을 감을 수 있다면 이보다 더한 행복은 없을 것이다. 이스라엘 사람들의 교훈집 『탈무드』에 나오는 부부 이야기를 보자.

> 몇 달 동안 목욕을 하지 못한 어느 거지가 랍비의 집 앞에서 온몸이 가려워 담벼락에 등을 비벼대고 있었습니다. 랍비는 거지를 불쌍히 여겨 목욕을 시키고 새 옷을 입힌 다음 풍성하게 음식을 대접해 보냈습니다.
> 이 소문을 들은 약삭빠른 다른 거지 부부가 랍비의 집 담벼락에 등을 비벼대면서 배고픔을 호소했습니다. 그러자 랍비는 화를 버럭 내며 거지 부부를 쫓아버렸습니다.
> 거지 부부는 지난번 다른 거지에게 했던 일을 얘기하면서 왜 우리에게만 이렇게 대하냐고 항의했습니다. 랍비는 이렇게 말했습니다.
> "지난번 거지는 혼자였기에 담벼락에 등을 비빌 수밖에 없었다. 그러나 너희는 부부 아니냐? 가려우면 서로 긁어주면 되지."

부부 사이의 사랑이 자녀에게 얼마나 큰 영향을 미치는지 보여주는 짧은 이야기를 하나 살펴보자.

할머니는 배부르다

먹거리가 있을 때마다
할머니는 반드시 챙겨 두었다가
나에게 주셨다

맛있는 음식이 있으면
습관적으로 나의 음식 그릇을
가득 채우셨다.

할머니는 드셨느냐는 말도 없이
나만 먹기에 바빴다.

　토미는 늘 행복하고 협조적이며 뛰어난 아이였다. 그런데 최근에 성적이 급격하게 떨어진 것은 분명 부모의 별거와 이혼소송에 따른 절망감 때문으로 판단되었다.
　초등학교 3학년 교실. 갈수록 나빠지는 성적과 파괴적 행동에 대해 담임 선생님은 부모와 상의하기 위해 부모를 만나보려는 것이다. 토미의 어머니가 들어왔다. 잠시 후 토미의 아버지도 도착했다. 두 사람은 서로 보고 놀라더니 금방 짜증 섞인 표정을 지었다.

나는 토미에 대해 설명하려 했다. 그러면서 '별거가 아이들에게 어떤 악영향을 줄 것인지'에 대해 잘 설명할 말이 떠오르길 마음속으로 기도했다. 그때 문득 토미의 지저분한 시험지를 보여주고 싶은 생각이 떠올랐다. 나는 토미의 책상 서랍에서 구겨진 영어 시험지를 꺼냈다.

그 시험지는 눈물로 얼룩져 있었고 앞뒤로 빼곡히 글씨가 적혀 있었다. 시험지를 펴서 어머니에게 건넸다. 그녀는 한참 동안 시험지를 들여다보더니 눈물을 흘리며 토미 아버지에게 전해주었다. 그는 기분 나쁘다는 듯이 얼굴을 찡그렸다. 그러나 시험지를 읽으면서 금방 얼굴이 펴지며 심각한 표정을 지었다.

토미의 아버지는 휘갈겨 쓴 시험지를 곱게 접어서 주머니에 넣었다. 그리고 아내의 손을 꼭 잡았다. 토미의 엄마는 순간 눈물을 닦으며 미소를 지어 보였다. 토미 아버지는 일어서서 토미 어머니가 코트 입는 것을 도와준 다음 감사하다는 인사를 하고 같이 손을 잡고 교실 밖으로 나갔다.

"엄마, 아빠! 함께 살아요."
"엄마, 아빠! 함께 살아요."

시험지에는 갈겨 쓴 글씨로 그 말만 수없이 쓰여 있었다.

결혼할 땐 서로를 사랑하며 세상을 모두 얻은 것 같던 부부도 시간이 흐르면서 점점 서로를 생각하는 마음이 줄어든다. 부부가 서로의 무거운 짐을 나누고 함께 사랑하며 걸을 때, 어떠한 어려움도 이겨나갈 힘을 얻고, 그것이야말로 훌륭한 자녀로 성장시키는 지름길이다.

긍정과 낙관으로 행복 만들기

인간은 누구나 행복하게 살기를 원합니다. 행복해지기 위해 물질적으로 부유해지고, 사회적으로 이름난 위치에 오르고, 주변 사람들의 대접과 부러움을 받는 사람이 되고 싶어 합니다. 하지만 '행복지수'를 연구하는 학자들은 공통적으로 '돈으로 살 수 있는 행복'이란 크지 않다고 말합니다. 세계에서 보기 드물게 빠른 성장을 이뤄냈지만 높은 자살률과 이혼율, 학교폭력 등 곳곳에서 어두운 면을 보이고 있는 한국사회가 이를 보여주고 있습니다.

그렇다면 도대체 행복은 어디서 오고 어느 곳에 있을까요?

인간은 누구나 살아가면서 어렵고 힘든 일을 만나게 마련이지만, 이때 어떠한 마음가짐을 가지느냐에 따라 행복하기도 하고, 불행하기도 합니다. 다시 말해 자신의 생각에 따라 행복해질 수도 있고, 불행해질 수도 있다는 말입니다. 대다수 행복학자들은 행복한 사람들의 공통점 3가지를 들고 있습니다.

첫째, '낙천적인 마음'입니다. 낙천적인 사람의 얼굴 표정은 밝고 편안한 모습의 표정이며, 화를 내야 할 일에도 자기 마음을 잘 다스린다는 것입니다.

둘째, '타인과 좋은 관계'를 맺고 있습니다. 낙천적이다 보니 타인과 좋은 관계가 지속되고 주변에 항상 많은 사람들이 모여듭니다.

셋째, '꿈과 비전이 있는 사람'입니다. 단기적, 중기적, 그리고 장기적인 꿈과 비전을 모두 포함합니다. 다시 말해 이루어야 할 목표가 있고 그것을 하나씩 하나씩 성취해 갈 때의 즐거움을 알기에, 그들은 항상 행복하다는 것입니다. 긍정심리학의 창시자이자 미국 펜실베니아 대학 심리학부 교수 마틴 셀리그먼(Martin Seligman) 박사도, "긍정적 삶을 만들기 위해서는 외부의 도움보다는 자신의 의지가 훨씬 중요하다." "행복은 누가 가르쳐주거나 훈련시키는 게 아니라 스스로의 발견과 창조를 통한 자기화의 과정" 이라고 주장했습니다.

   필자가 지인에게 들은 다음 이야기도 행복은 긍정과 낙관의 마음가짐에 있음을 보여줍니다.

     가끔씩 유머 치료를 위한 웃음 교실에 오시는 80대 할머니가 계시는데 항상 싱글벙글 행복한 얼굴이다. 부럽기도 하고 또 그 비결이 궁금해서 말을 붙였다.
    "할머니 요즘 건강 하시죠?"
    그러자 할머니는 씩씩하게 대답하신다.
    "응, 아주~아주 건강해. 말기 위암 빼고는 다 좋아."
    그 대답에 머리끝에서부터 발끝까지 백만 볼트 전기로 감전되는 것 같은 전율을 느꼈다.
    할머니는 너무 너무 행복하다고 말씀하신다. 아무 것도 없이 태어나 집도 있고, 남편도 있고 자식들도 5명이나 있다는 것이다. 이제 암이 몸에 들어와서 예정된 시간에 태어난 곳으로 돌아갈 수 있다니 얼마나 즐겁고 행복하냐는 것이다. 언제 세상을 떠나게 될지 알기 때문에 그것도 행복하다는 것이다.

할머님 회상

내가 당신을 사랑하는 것은 까닭이 없는 것이 아닙니다.
다른 사람들은 나의 장점만을 사랑하지마는
당신은 나의 단점도 사랑하는 까닭입니다.

내가 당신을 그리워하는 것은 까닭이 없는 것이 아닙니다.
다른 사람들은 나의 웃음과 기쁨을 사랑하지마는
당신은 나의 슬픔과 아픔도 사랑하기 때문입니다.

내가 당신을 기다리는 것은 까닭이 없는 것이 아닙니다.
다른 사람들은 나로부터 얻음만을 사랑하지마는
당신은 나에게 한없는 베푸심을 사랑하는 까닭입니다.

-만해 한용운의 '사랑하는 까닭'이란 시를 읽고

위의 할머니 이야기는 우리에게 삶이 무엇인지, 행복이 무엇인지, 마음의 평안이 무엇인지를 다시 한 번 생각하게 합니다. 또한 행복은 끝없이 몰아치는 어려운 상황을 긍정과 낙관의 마음가짐으로 해석하는 능력에 달려 있음을 뼈저리게 느낄 수 있도록 해줍니다.

미국의 제17대 대통령 앤드류 존슨(Andrew Johnson)은 이러한 긍정과 낙관의 힘을 발휘했던 대표적인 사람입니다. 그는 세 살에 아버지를 여의고 몹시 가난하여 학교 문턱에도 가보지 못했습니다. 하지만 그는 돈을 벌기 위하여 열 살에 양복점에 들어가 성실하게 일했고, 결혼 후에야 읽고 쓰는 법을 배우게 되었습니다.

이후 존슨은 정치에 뛰어들어 주지사, 상원의원이 된 다음 16대 미국 대통령 에이브러햄 링컨(Abraham Lincoln)을 보좌하는 부통령이 됩니다. 그리고 링컨 대통령이 암살된 후 대통령 후보에 출마하지만 상대편으로부터 맹렬한 비판을 당합니다.

"한 나라를 이끌어가는 대통령이 초등학교도 나오지 못하다니 말이 됩니까?"

그러자 존슨은 침착하게 대답합니다. 그리고 이 한 마디가 상황을 역전시켜 버립니다.

"여러분, 저는 지금까지 예수 그리스도가 초등학교를 다녔다는 말은 들어본 적이 없습니다."

사람들은 언제나 행복을 원합니다. 행복을 원하면 세상을 긍정과 낙관으로 바라보아야 합니다. 긍정과 낙관의 생각 없이 우리는 어느 한 순간도 행복해질 수 없습니다. 많은 것을 가지고 있으면서도 행복하지 못한 사람이 있는가 하면, 부족하고 충분하지 않지만 행복한 사람들도 있습니다. 중요한 것은 긍정과 낙관의 생각과 태도 없이는 아무리 많이 가지고 있어도 결코 행복해질 수 없다는 것입니다.

행복하기 위해서는 지금 자신이 처한 현재의 상황을 긍정과 낙관의 마음가짐으로 받아들이는 자세입니다. 즉 효의 정신을 가지고 지금 옆에 있는 사람과 함께 자기가 하는 일을 즐기면서 나누는 삶을 살아갈 때, 진정한 행복을 누릴 수 있다는 걸 알아야 합니다.

어린 카네기에게 배우는 지혜

우리는 누구나 행복과 성공을 원한다. 그리고 행복하고 성공하려면 무엇보다 지혜로운 삶을 살아야 한다. 우리는 살아가면서 문제에 봉착할 때마다 판단하고 결정해야 하는 상황에 직면하고 있다.

그럴 때마다 얼마나 지혜롭고 현명하게 판단하고 결정하느냐에 따라 성공할 수도 있고, 실패할 수도 있다. 다음 이야기는 미국의 철강왕 카네기의 어린 시절의 유명한 실화다.

카네기가 어릴 때 엄마를 따라 식료품 가게에 갔다. 엄마가 물건을 사는 동안 카네기는 가만히 서서 상자 안에 가득히 담긴 빨간 앵두를 바라보았다. 그러자 주인 할아버지가 말했다.

"앵두가 먹고 싶니? 한 줌 집어 먹으렴."

그런데도 카네기는 말없이 할아버지를 보며 가만히 서 있기만 했다. 카네기의 엄마도 거들었다.

"그래, 할아버지가 허락하셨으니 한 줌 집어도 돼."

그런데도 카네기는 움직일 생각을 안 했다. 그러자 할아버지는 앵두를 한 움큼 집어 카네기에게 내밀었다. 그제야 카네기는 고맙다고 말하며 두 손으로 앵두를 받았다.

집으로 돌아가며 엄마는 카네기에게 할아버지가 집어줄 때까지 앵두를 먹지 않은 이유를 물었다.

카네기는 빙그레 웃으며 대답했다.
"할아버지 손이 내 손보다 크니까요."

우리는 너무 쉽게 이성보다 감정에 휩쓸릴 때가 많다. 사소한 시비로 다투고, 쉽게 상대방을 오해하고, 마음에 들지 않는 상황이 발생하면 '욱'하고 화를 내며 다투게 된다. 그러나 결국 시간이 지나면 후회하게 되는 것이 인간이다. 매사에 순간의 감정을 잘 조절하면서 지혜롭게 살아갈 수 있다면, 돌발적인 행동으로 실패를 보는 일을 줄일 수 있을 것이다.

인간의 지혜는 돈과는 달리, 쓰고 또 써도 결코 바닥이 나지 않는다. 그래서 '자원은 유한하나 지혜는 무한하다.'고 하는 것이다. 돈을 쓰지 말고 지혜를 쓰며 살아야 행복하고 성공적인 인생이 된다. 진정한 행복과 성공은 돈이 아니라 지혜를 쓸 때 가능하게 된다.

시할머니는 간장 전문가

　인간은 관계를 맺은 주위 사람들이 어떻게 인정해 주느냐에 따라 자신의 가치가 만들어지고 정해집니다. 행복을 누리는 사람은 관계를 맺는 주위 사람들에게 인정받는 언행을 했기 때문입니다. 사람은 누구든 자기만 혼자 잘났다고 내세우기보다, 주위에서 인정해 주어야 진짜 가치 있고 행복하게 살아갈 수 있습니다.
　이처럼 나의 행복은 대체로 나와 누군가의 관계 속에서 만들어지기 때문에, 주위의 무수한 타인들로부터 인정받는 관계를 맺기 위하여 모든 노력을 기울이며 살아가고 있습니다.

　일본 이민 3세로 미국에서 세계적인 석학으로 인정받은 미래 정치학자이자 역사철학자인 프랜시스 후쿠야마(Francis Fukuyama) 교수가 쓴 『역사의 종언과 최후의 인간(The End of History and the Last Man)』이란 책이 있습니다.
　후쿠야마 교수는 이 책에서 민주주의와 자본주의는 승리하고 공산주의와 사회주의는 실패하게 된 이유와 원인을 인간의 '인정받고자 하는 욕구'에서 찾고 있습니다. 다시 말해 인간에게는 식욕이 있고 성욕이 있듯이 인정받고자 하는 욕구가 있기 때문에, 인정받게 되면 행복하고 인정받지 못하면 불행해진다는 것입니다. 개개인을 인정하는 사회는 건강한 사회가 되고 인정하지 않는 사회는 병들게 되지요.

예수께서도 누구든지 사람들 앞에서 예수를 인정하는 사람들은 자신도 하나님 앞에서 그를 인정할 것이요, 사람들 앞에서 자신을 인정하지 않는 사람들은 자신도 하나님 앞에서 그를 인정하지 않을 것이라 하였습니다. 이는 종교생활에서도 인정하고 인정받는 문제가 다른 무엇보다 중요하다는 것을 보여주고 있습니다.

사회나 종교뿐만 아니라 가정에서도 나 혼자만의 행복은 없기에, 가족구성원 간에 서로 다름을 인정하고 타협하며 맞추어가는 관계라야 가족구성원들이 저마다 행복해집니다.
아래 이야기는 가정에서 진정한 존중이 어떤 것인지를 보여주는 일화입니다. 아무리 나이가 많은 시할머니일지라도 편안히 쉬게 하는 것보다 그분의 능력을 인정해 주고, 그 능력을 발휘하게 해주는 것이 진정한 인간존중이고 행복하게 해주는 일이라는 것이지요.

예순이 가까운 시어머니가 며느리와 함께 간장을 담그고 있었다. 그런데 그날따라 간장의 빛깔도, 맛도 예년과 다른 게 뭔가 이상했다. 시어머니는 무엇이 잘못된 것인지 이것저것 확인해 봤지만, 도대체 잘못된 이유를 알 수가 없었다. 30년 이상 간장을 담그면서 처음 있는 일이었다.

시어머니는 고민 끝에 거동이 불편한 시할머니에게 도움을 청하기로 했다. 시집 온 후 시할머니로부터 간장 담그는 법을 배웠기에 시할머니는 그녀의 스승인 셈이었다. 시어머니는 시할머니에게 자초지종을 설명하고 도움을 청했다. 누워서 설명을 듣던 시할머니는 순간 자리를 박차고 일어나면서 이렇게 말했다.

"어디 보자, 무엇이 문제인지 짐작이 간다."

그러면서 성큼 마당으로 내려서더니 이것저것 확인을 하는 것이었다. 그런데 그 발걸음이 얼마나 힘차던지 전혀 거동이 불편한 사람 같지 않았다. 마치 범인을 찾는 형사라도 된 듯 눈은 반짝였고 얼굴은 상기되어 있었다.

시할머니는 간장 담그는 일만큼은 전문가였습니다. 하지만 한동안 그 능력을 발휘하여 인정받을 기회가 없었던 겁니다. 그런데 모처럼 그 능력을 발휘할 기회가 왔으니 힘이 솟을 수밖에요.

사람은 자신이 가진 능력을 발휘하여 인정받을 때 가장 행복하다고 합니다. 인간으로서 자신의 존재 가치를 느끼게 되는 것이지요. 오늘부터라도 관계를 맺은 주위 사람을 인정해주면, 관계를 맺은 상대뿐만 아니라 자신도 더없이 행복해집니다.

부부 사랑으로 일군 명문 가계

가정의 행복을 추구하는 교육에 있어서는 효의 가치에 바탕을 둔 교육이 이루어져야 한다고 생각합니다. 부부가 서로 사랑하고 행복하게 사는 모습을 보여주는 것 이상의 자녀교육이 어디 있겠습니까? 다른 나라도 별반 다르지 않다는 것을 미국의 예로 설명하고자 합니다.

미국에서는 최고의 명문가로 조나단 에드워드(Jonathan Edwards) 가문을 꼽습니다. 조나단 에드워드는 유명한 목사이면서 동시에 저명한 신학자였습니다. 목회 일과 선교사의 일을 맡고 있다가 당대에 명문 프린스턴 대학교의 신학부 학장을 역임하면서 많은 영향력을 끼쳤던 사람입니다. 그는 하나님을 지극히 사랑하는 신앙적인 여인과 결혼해서 신혼 초기부터 철저하게 기독교적 원리에 따라 그리스도인의 가정을 형성해 갔습니다.

또 이웃에는 그와 같이 자란 동네 친구였던 맥스 쥬크(Max Juke)가 살았습니다. 이 사람은 자신도 신앙생활을 열심히 하지 않았을 뿐만 아니라 신앙심이란 전혀 찾아볼 수 없고 방탕한 삶을 살았던 여인과 결혼했습니다. 누가 복을 받고 살았겠습니까?

후세의 사람들이 이 두 사람의 가계를 추적했더니 놀라운 사실이 발견되었습니다.

신앙의 가정을 이루었던 조나단 에드워드 가계는 오늘날까지 617명의 후손을 두었는데, 그 중에 대학의 총장을 지낸 사람이 12명, 교수가 75명, 의사가 60명, 성직자가 100명, 군대 장교가 75명, 저술가가 80명, 변호사가 100명, 판사가 30명, 공무원이 80명, 하원의원이 3명, 상원의원이 1명이고, 미국의 부통령을 1명 배출했습니다.

그러면 맥스 쥬크의 가계는 어떻게 되었을까요? 불신앙의 가정을 이루었던 맥스 쥬크는 조나단 에드워드 가계보다 두 배나 더 많은 1,292명의 후손을 두었는데 불행하게도 유아로 사망한 사람이 309명, 거지가 310명, 불구자가 440명, 매춘부가 50명, 도둑이 60명, 살인자가 70명, 그저 그렇고 그런 사람이 53명이었습니다.

조나단 에드워드 부부가 살았던 매사추세츠의 어느 조그만 동네의 통나무집에 가면 다음과 같은 글귀가 기록되어 있습니다.

"이 집은 조그마합니다. 그러나 이 집은 위대한 집입니다. 이 집은 작습니다. 그러나 이 집의 후손들에 의하여 오늘의 미국이 이렇게 세계적인 나라로 일어서게 되었습니다. 이 작은 통나무집의 가문이 미국 역사상 가장 빛나는 가문, 가장 위대한 가문인 조나단 에드워드와 사라의 가문입니다. 8대에 걸쳐서 200여 년 동안 수없이 많은 훌륭한 사람들이 이 가문을 통해서 나왔습니다."

그렇다면 왜 이 가문에서 이렇듯 훌륭한 자녀들이 많이 나왔을까 하고 미국의 대학에서 연구한 후 박사학위를 받은 6명이 모두 다음과 같은 일치된 연구 결과를 내놓았습니다.

"조나단 에드워드와 사라 부부는 서로 깊이 사랑합니다. 어머니 아버지가 서로를 사랑하며 행복하게 살았기에 자손들이 자연스럽게 훌륭한 인물로 자라났습니다. 아이들을 훌륭하게 키우고 싶으십니까? 아이들에게 신경 쓰기보다 부부관계에 더욱 더 신경 쓰십시오. 부부가 믿음으로 서로를 존경하고 배려하며 살 때 자녀들은 자연스럽게 위대한 인물로 자라갑니다."

아이들은 자기를 낳아준 부모가 서로 사랑하는 모습을 보면 스스로 난 우리 부모님의 사랑의 결정체라는 생각을 가지며 자신을 자랑스럽게 생각한다고 합니다. 그리고 이 땅에 잘 태어났다고 자부심을 가진다고 합니다. 이렇게 긍정적으로 자기 인생을 바라보니 정서가 안정되는 데다 좋은 꿈을 가지고 자신의 인생을 설계해 나가니 결과적으로 자신의 인생을 훌륭하게 만들어가는 것입니다.

부부의 언행은 자녀가 성장하는 데 바로미터가 될 수 있습니다. 따라서 부부가 솔선수범하고 서로 깊이 사랑하는데 그 자녀가 다르게 성장할 리 만무합니다. 자녀의 미래에 대하여 진심으로 걱정하고 계신다면, 부부가 서로 솔선수범하고 깊이 사랑해야 합니다. 그 이유는 자녀에게 가장 영향력을 미치는 사람은 바로 부모이기 때문입니다.

우리나라가 물질만이 아닌 정신면에서도 선진국·선진사회가 되기 위해서는 우리만의 인성교육, 즉 가정에서의 효 교육을 통해 새로운 가치와 전통을 창조해야 합니다.

그래야 정신과 물질이 조화를 이룬 선진국이 되어, 명실상부한 세계 속의 지도국가가 될 수 있다고 생각합니다. 효 교육을 통하여 한국혼(韓國魂)을 일깨우는 운동에 우리 국민이 모두 적극적으로 참여할 때 우리는 진정한 세계 일류국가가 되리라고 믿습니다.

부모와 자식 간의 신뢰

　OECD 회원국에 G20 정상회의 개최국이요, 런던올림픽 메달순위 5위, 국가 신용등급이 상향되었다고 자부하는 대한민국의 행복 순위가 OECD 회원국 가운데 하위인 까닭이 뭘까?
　인문학과 예술의 바탕이 취약한 상태에서 고도성장을 이룬 외화내빈(外華內貧)의 사회이기 때문에 항상 마음이 허전하고 만족을 느끼지 못하는 것이다. 인도(人道)가 충만한 사회가 되기 위해서는 효의 철학과 가치가 근본이 되는 사회로 거듭나야 한다.
　오늘날처럼 인간의 가치가 경시당하는 시대에 우리 인간이 살아남기 위해서는 인도주의가 더욱 절실하게 요구되며, 이를 실천하고 구현하는 것이 우리가 나아갈 방향이라고 생각한다. 이런 시대정신에 부응하는 근본이 효 교육이다. 특히 가정에서의 효 교육과 인성교육이 매우 중요하다.
　효 교육을 받고 자란 사람은 생각이 깊어 어린 아이라도 남을 배려한다. 그래서 어린 나이에도 '훌륭한 집안에서 어른들로부터 교육을 잘 받고 자랐다.'는 말을 듣게 된다. 효 교육이 없는 집에서 자란 아이들은 이기적이고 욕심이 많은 것을 볼 수 있다. 그래서 훌륭하게 자녀를 성장시키려면 부모부터 효를 실천하여 자녀의 본보기가 되는 게, 가장 훌륭한 자녀교육이다.

　인류 역사상 훌륭한 지도자를 키워낸 명문 가정은 효 교육에 있어서 독특한 가치와 전통을 가지고 있다. 명문 가정으로 발돋움하기 위해서는 부부가 서로 사랑하고 행복하게 살면서 어른을 공경하는 모습을 보여주는 것 이상의 교육은 없다.

특히 아래의 이야기는 부모와 자식 사이일지라도, 또 어린 자식과 한 조그만 약속일지라도 반드시 지킨다는 신뢰의 기반이 얼마나 중요한지를 보여준다. 이런 신뢰는 효의 가치와 인도정신의 밑바탕이기도 하다.

어느 날 공자의 제자인 증자의 아내가 시장 나들이를 가려고 하자 아이가 엄마를 따라 가겠다고 보챘다. 날씨는 덥고 할 일은 많은데 그 복잡한 시장 바닥에서 아이를 챙기기도 어렵고 행여 잃어버리기라도 하면 낭패라는 생각이 들어, 아이를 집에 있으라고 달랬다.

그러나 이렇게 달래고 저렇게 얼러도 아이가 영 받아들일 기색이 없었다. 그때나 지금이나 엄마를 따라 가겠다고 나서는 자식을 떼어 놓는 일은 여간 난감한 일이 아니다. 급기야 홧김에 그랬는지 엄마가 이런 약속을 하였다.

"얘야, 울지 않고 잘 놀면 내가 돌아와서 돼지를 잡아 고기를 구워주마."

어찌 됐는지 아이는 그 말을 듣자 울음을 그치고 잘 놀았다. 그리고 그 아이의 엄마는 일을 마치고 유쾌하게 집으로 돌아왔다. 그런데 집에 들어서자 아이의 아빠인 증자는 돼지를 묶어 놓고 잡을 채비를 하고 있는 게 아닌가! 놀란 증자의 아내가 물었다.

"아니, 무슨 잔칫날도 아닌데 돼지는 왜 잡는 거요?"

"당신이 아이에게 집에 오면 돼지를 잡아 주겠다고 약속을 하지 않았소! 약속을 했으니 지켜야지요."

"아니 그거야 그냥 아이가 하도 울어서 해본 소리지, 어떻게 아이를 달래느라고 한 말을 곧이곧대로 지킨다는 말이오?"

"아이는 장난으로 들은 게 아니오. 아이란 본래 어른의 말을 곧이곧 대로 듣고 그대로 믿는 것이오. 이제 당신이 아이를 속이면 아이는 엄마를 믿지 않게 될 것이고 그렇게 되면 어찌 아이를 가르칠 수 있겠소?"
그러고는 돼지를 잡아 아이에게 먹였다.

신뢰란 서로가 믿고 의지하는 관계로 거울과 같아서, 한 번 깨져 버리면 아무리 강한 접착제를 사용해서 때운다 해도 본래의 상태를 회복하기는 어려운 일이다.
위의 이야기는 가정에서 부모와 자식 간의 신뢰 역시 다른 무엇으로도 대신할 수 없는 중요한 덕목이자 교육이라는 것을 보여주고 있다.

우리나라가 물질만이 아닌 정신면에서도 선진국가가 되려면 가정에서부터 우리만의 인성교육, 즉 효 교육을 통해 새로운 가치와 전통을 창조해야 한다. 대한민국은 예로부터 동방예의지국이었다. 효 교육을 바탕으로 효의 브랜드를 창출하여 K-POP, K-의료, K-국악 등 한류 열풍의 대열에 K-HYO도 합류한다면, 세계 속의 지도국가가 될 수 있을 것이다.
더구나 가정에서 남편과 아내, 부모와 자식 간에 신뢰가 쌓이면 쌓일수록 우리 사회도 믿음이 넘치는 행복한 사회가 되리라 믿는다.

나를 슬프게 하는 것들

우리가 살아가는 사회에서는 이래저래 우리를 슬프게 하고 못마땅하게 하는 일들이 많이도 일어나고 있다. 특히 단란해야 할 설 명절을 맞아 '가족 갈등 폭발' 때문에 비극으로 막을 내린 사건들이 나를 슬프게 한다.

설날을 하루 앞두고 대학시험을 치른 18세 아들이 어머니와 말다툼한 다음 폭행하고 집에 방화하여 어머니를 사망케 한 기사가 나를 슬프게 한다. 이 기사를 보며 부모 말에 잘 따라주며 훌륭히 성장해준 아들에게 감사한 마음이 엄습한다.

경찰 관계자에 의하면 "지난해 수능시험을 치른 이후 집에 늦게 귀가하는 문제로 어머니와 자주 다투었고, 이로 인해 쌓여온 감정이 우발적으로 폭발한 것으로 추정된다."고 말했다는데, 가정과 학교에서 자녀의 인성과 품성을 중히 여기는 교육을 실시하였는지 생각해 보게 만드는 우리의 교육 현실이 나를 슬프게 한다.

설날에 할머니 집에 세배를 가지 않겠다고 버티며 욕설을 하고 대드는 아들의 행동에 격분한 50대 아버지가 20대 아들의 가슴과 팔 등 7곳을 흉기로 찔러 숨지게 하는 참극이 또한 나를 슬프게 한다.

이 기사를 보며 문득 할머니를 떠올렸다. 오늘의 나를 있게끔 성장시켜 주셨고 오래전에 어려운 환경에서 돌아가신 훌륭한 할머니의 생전 모습을 그리면서, 지금은 영영 뵐 수도 없고 세배도 할 수 없는 처지가 나를 더욱 슬프게 한다.

　과거에는 조부모가 손자를 가장 아끼면서 돌보아주셨는데, 핵가족화한 오늘의 사회현상이 이러한 사건을 초래하지 않았는가 하는 데 생각이 미치면서, 무슨 뾰족한 대책이 별로 없다는 사실이 나를 슬프게 한다.

　매년 설날이나 추석 등 명절을 보낸 다음 달에는 배우자를 상대로 이혼 소송을 내거나 협의이혼을 신청하는 건수가 크게 증가한다는 통계를 게재한 신문기사가 나를 슬프게 한다. 이혼을 담당하는 판사는 기자와의 인터뷰에서 "이혼 사건 가운데 상당수가 명절에 양가 부모를 만나면서 부부간 갈등이 심화된 경우였다."고 말했다는데 수많은 사람 중에 인연으로 만난 천생연분임에도 쉽게 헤어지는 부부들이 해가 갈수록 늘어나는 현실이 나를 슬프게 한다.
　명절은 어른들에게서 삶의 지혜와 예절을 배울 수 있는 기회이기도 한데, 조그만 일에도 의견 차이로 더는 못 참고 쉽게 이혼으로 치닫는 사회현실이 나를 슬프게 한다. 또한 명절이란 우리 민족이 전통적으로 지내온 축일로서 양가 부모와 가족을 만나면서 화목을 증가시키는 기회이건만 옛날처럼 명절이 가족의 즐거운 모임이 되는 것을 언제나 볼 수 있으려나? 이런저런 별스런 생각이 나를 또 슬프게 한다.

　자식들이 많은데도 자식들의 무관심 속에 혼자 세 들어 살다 추위와 배고픔을 견디다 못해 겨울옷을 아홉 겹이나 입고 죽은 지 5년 만에 백골로 발견되었다는 할머니의 기사가 나를 슬프게 한다.
　할머니 생전에 명절에도 핑계를 대며 할머니를 찾아뵙지 않았던 나 자신에게도 한없는 후회와 자책을 느끼며, 할머니를 영영 뵐 수 없다는 현실이 나를 한없이 슬프게 한다.

나를 슬프게 하는 것들

할머니

항상 마음속 깊이 자리 잡은
할머님 제목으로 '할머니'라 쓰고
시를 써 보겠다는 상념으로
할머님 생전의 먼 과거로 시간여행을 해본다.

지금까지 속절없이 보낸 세월이
너무 한이 되어
불효 손자의 눈에는 눈물만 고인다.

    매일매일 신문지상에는 가족이나 이웃의 보살핌 없이 홀로 살다 죽어가는 독거노인들에 관한 기사가 넘쳐난다. 통계청에 따르면 황혼이혼과 조기 사별 등으로 2019년 기준 전국 독거노인이 150만 명을 웃돌고 있다 한다.
    젊은 시절 열심히 일한 덕분에 세계에서 그 유례를 찾아볼 수 없을 만큼 초고속으로 성장해 일류국가의 문턱에까지 다다르게 만든 노인들을 위한 복지에 우리 사회가 더 많은 관심과 배려가 있어야 할 텐데, 아직도 소외된 채 살아가거나 외롭게 죽어가는 노인들이 많다는 사회 현실이 나를 슬프게 한다.

영하 10도 이하로 몹시 추운 저녁, 청량리역 포장마차에서 붕어빵을 사 들고 추위 속에서도 맛있게 먹고 있는 처량하고 누추한 모습의 남자가 나를 슬프게 한다. 누추하고 허름한 작업복 차림에 얼굴도 제대로 씻지 않은 모습으로 보아 붕어빵으로 저녁을 때우는 것 같다. 집에 가면 반겨줄 가족이 있는지, 편안히 쉴 수 있는 집이라도 있는지…….

이 광경을 보고 초등학교 1학년 때의 어린 시절, 몹시 추운 12월의 저녁 무렵 구례시장에서 할머니가 사주신 붕어빵 추억이 갑자기 나의 머리를 스쳐간다. 집에 가면 반겨줄 가족이 있고, 편안히 쉴 수 있는 집이 있는 나 자신에게 행복함이 밀려온다.

모든 사람에게 최소한의 복지를 제공하여 따뜻한 저녁이 있는 삶이 보장되어야 하지만, 그렇지 못한 현실이 나를 슬프게 한다.

위와 같이 나를 슬프게 하는 세태가 나만의 감정은 아닐 것이다. 이런 상황은 긍정과 낙관의 마음가짐으로 받아들이는 효의 정신, 즉 인도정신을 가정에서 어릴 때부터 교육시켜야 한다는 점을 우리 모두에게 일깨워 주고 있다.

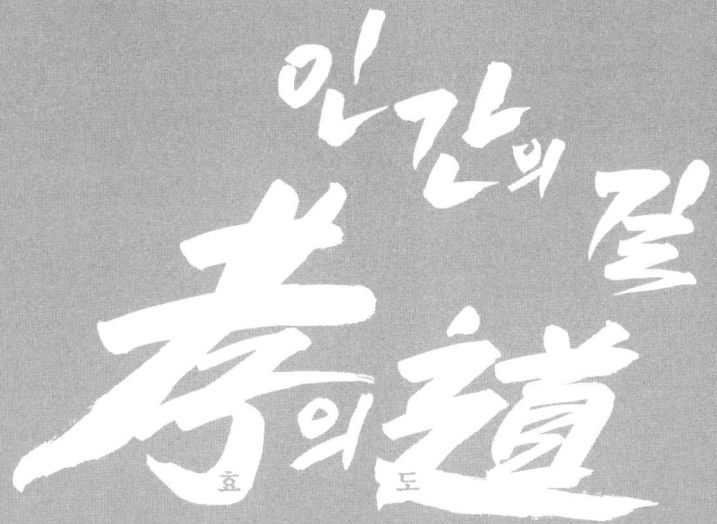

3장 효, 행복의 길

행복은 가장 가까운 사람에게 잘하는 것

인간은 짧은 인생을 살아가며
누구나 행복을 추구합니다.
그러나 사람마다 행복에 대한 생각도 다릅니다.
행복은 멀리 있지 않고 가까운 데 있습니다.
즉 가까운 사람에게 잘하는 것입니다.
그게 효(孝=HYO)입니다.
[HYO=Humanity between/of Young and Old]
제가 지금까지 연구한 바
효도하는 사람이 행복하고 성공합니다.

관계가 좋아야 행복한 인생

가치관은 서로 다르겠지만 삶의 목적이 행복이라는 데 대해 이의를 달 사람은 없을 것입니다. 그러면 어떻게 해야 행복할 수 있을까요?

행복하려면 우선 자기가 하는 일을 즐겨야 합니다. 의사나 변호사나 대기업에 다니는 직장인뿐만 아니라 적은 일당을 받는 아르바이트를 하더라도 자기의 적성에 맞는 직업을 찾아 즐기면서 일하면 그게 행복이 아닐까요?

우리는 어릴 때부터 지금은 힘들고 어렵지만 참고 견디라는 교육을 받아왔습니다.

10년 후, 20년 후에 남들이 부러워하는 직업을 가지게 되면 행복하다는 말에 세뇌가 되어 하루하루를 참으며 인고의 세월을 지내 왔습니다.

과연 20년 후 남들이 부러워하는 직업을 가지면 행복할까요?

> "행복은 습관이라고 20년을 행복하게 지내지 않은 사람은 남들이 선망하는 좋은 직업을 가졌다 하더라도 여전히 인생을 즐길 줄 모르고 살며, 무엇이 행복인지도 모른 채 살아가기 마련입니다."

유엔이 발표한 <2020 세계행복보고서>에서 세계 153개 나라 중 한국은 2019년보다 7계단 내려간 61위를 차지했습니다.

그래서 OECD국가 중 행복지수가 최하위이며, 우리보다 경제적으로 못

사는 나라보다 행복지수가 낮습니다.

저부터도 지금까지 즐기지 못하며 살아온 탓에 행복의 정의를 이제야 조금 알 것 같습니다. 한 마디로 자기의 선천적성을 찾아내 그 길로 가야 그 일을 즐길 줄 알고 행복하게 살아갈 수 있습니다. 그게 진정한 행복이 겠지요. 그래서 행복은 멀리 있지 않고 자기 자신 안에 있다고 하지 않을까요? 자기보다 더 많은 것을 소유한 사람들과 비교하기보다는 자기만이 가진 정체성을 찾아 즐기며 생활하면 그게 바로 행복이라 생각합니다.

그러면 인생을 즐기려면 어떻게 해야 할까요?

인생을 즐기려면 관계가 좋아야 합니다. 관계라면 나와 타인의 관계만 생각하지만, 다음 세 가지를 모두 포함하는 내용입니다.

첫째는 먼저 나 자신과의 관계를 잘 세워야 하고, 둘째는 나와 상대방과의 관계도 중요합니다. 그리고 마지막으로 나와 이 세상에 존재하는 삼라만상과의 관계가 필연적이지요.

그 중 가장 중요한 게 자신과의 관계를 잘하는 사람이 행복하고 성공한다는 것을 역사상 많은 사례가 보여주고 있습니다. 역사상의 성인들이 모두 자신과의 관계에서 성공을 거두어 성인이 되었다는 겁니다.

예수, 석가, 공자, 마호메트 등 종교 지도자뿐 아니라 학계, 예술계, 스포츠계 등 모든 분야의 특출한 사람들은 자기가 하는 일을 자기만의 사명으로 알고 남이 무엇이라 하건 자기가 하는 일을 즐겨했기에 큰 업적을 남기며 성공하였습니다.

성공 이전에 이미 자기 자신은 항상 행복하게 살아왔겠지요. 남이 볼 때는 불행으로 보였을지 모르지만 자신의 내면은 사명감이 있었기에 항상 행복했으리라 생각합니다. 그래서 미국의 카네기 멜론대학에서 행복하고 성공한 사람들을 뽑아 연구한 결과, 좋은 학벌과 가문 등의 조건보다는 관계를 잘한 사람들이 행복하고 성공했다는 결과를 발표했습니다.

관계 중에서도 매일 자기가 하는 일과 가정에서부터 관계를 잘해야 행복하겠지요? 그러면 어떻게 해야 관계를 잘할 수 있을까요?

제가 조사한 바에 따르면 관계를 잘하는 사람들의 마음속에는 효의 정신이 있었습니다. HYO는 'Humanity between/of Young and Old'로 풀어낼 수 있습니다. 다시 말해 마음속에 인도(人道)의 정신을 가지고 실천했다는 것입니다. 인도의 정의는 타인의 존엄성을 인정하면서 함께 잘 살아보자는 뜻입니다. 여기에는 남녀노소의 구별이 있을 수 없습니다.

> "남을 꺾어야 자기가 잘 살 수 있다는 논리만 지배한다면 그 사회가 정의로운 사회일까요? 그 사회가 따뜻하고 인정이 넘치는 사회가 될까요?"

저는 개인적으로 우리 사회가 너무 많은 문제를 안고 있다고 생각합니다. 다행히 그렇게 생각하는 사람들이 많기 때문에 최근 들어 인문학에 대한 관심이 높아진다고 생각합니다. 말하자면 돈만 많이 있으면 행복할 줄 알았는데 그렇지 못하니 항상 마음속이 공허하고 방황하게 되는 것이겠지요. 자신이 바로 서지 못하니 가정이 바로 서지 못하고 더 나아가 사회와 국가가 바로 서지 못하는 것이지요.

역사상 인도의 마음을 가지고 실천하여 성공한 사람들의 예를 들자면 수 없이 많습니다. 그 중 한 사람이 남아프리카에서 흑백화합을 이루어낸 '인권의 화신' 넬슨 만델라 대통령입니다. 넬슨 만델라 대통령의 다음 말은 인도가 무엇인지 우리에게 일깨워주고 있습니다.

"착한 머리와 착한 가슴은 언제나 붙어 다닙니다. 강철 같은 의지와 필요한 기술만 있다면, 세상의 어떤 불행도 자기의 승리로 탈바꿈시킬 수 있습니다. 사람과 사람 사이에는 무엇을 가지고 태어났느냐가 아니라, 무엇이든 자기가 가진 것으로 무엇을 이루어내느냐 하는 차이가 있을 뿐입니다. 눈에 보이고 의사가 고칠 수 있는 상처보다, 보이지 않는 상처가 훨씬 아픕니다. 남에게 모멸감을 주는 것은 쓸데없이 잔인한 운명으로 고통 받게 만드는 것이라는 걸 나는 알았습니다."

인간은 타인과의 만남을 통하여 성장합니다. 그러니 오늘도, 아니 매일매일 좋은 관계를 맺어 행복한 인생을 살아가시기 바랍니다.

불효자, 부모가 만든다

평균수명이 늘다보니 노인 문제가 심각해졌다. 사회가 복잡해질수록 모두들 부모님 모시기를 힘들어 하고, 재산은 자식들에게 공평하게 분배되는데, 어찌 장남만 부모를 책임져야 하는가 하고 불평이다.

요즘 부모님 모시는 것을 귀찮다고 하는 젊은이들의 행태는 자식들을 왕자 공주로 키운 부모에게도 책임이 있다.

자식을 기를 때 자식 비위 맞추기에 혼신의 힘을 다한 부모는 결국 자식들의 하인으로 전락하는 원인이 됐다.

자랄 때 부모 봉양법을 모르고 대접받는 법만 배운 아이가 어른이 되어서 어찌 부모 봉양을 제대로 할 수가 있겠는가? 그래서 요즘 사랑방 노인들이 하는 이야기 속에 답이 있다.

"모든 효의 근본은 가정교육에 있는 거여."

부모에게 효도하는 법은 학교에서 배우기보다 집에서 부모가 하는 처신을 보고 그대로 따라 배우게 마련이다. 학교 공부를 얼마나 시켰느냐 하는 것과는 별로 상관이 없다는 이야기일 수도 있겠다.

현실에 있어 자식 가르치려고 모든 것을 팔아 뒷바라지해서 의대를 졸업시켰건만 며느리는 온갖 이유를 붙여 부모를 못 모시겠다고 한다. 골방 하나 얻어주고 개밥 주듯 생활비 기십만 원 주면서 집에도 못 오게 하는 세상이다. 그러면서 다들 양로원에 가는 시대란다. 어쩌다 며느리에게 전

화하면 어머니에게 노후준비 문제를 따져댄다.

"아들 의사 만들었지 않느냐?"고 하면, 대답인즉 "부모로서 학비 대는 것은 당연한 것 아니냐?"고 반문하는 며느리…. 힘없는 노인은 기죽을 수밖에 없다.

다시 산다면 다시는 그런 짓 않겠단다.

부모는 훗날은 생각지 않고 모든 것을 바쳐 자식들을 뒷바라지한다. 아들이 가문의 영광이며 우리 집 기둥이라고 하면서…. 하지만 그 기둥이 부모를 배신하는 일들이 허다한 요즘이다. 대접만 받고 자란 아이는 부모 모시는 법을 안 배웠으니, 부모 봉양이 안 되는 것이다.

그러니 자식들을 불효로 내모는 것도 부모의 몫이다. 부모가 노후준비를 했다면 불효란 말이 있겠는가? 부탁하건대 자식은 적성 봐서 힘대로 키우고, 자신들의 미래를 준비해야 한다는 사실을 반드시 기억해야 한다.

이 글을 읽고 미친 소리라는 생각이 들거들랑 기록해 두었다가 훗날 실제로 나타나는 현상과 맞춰보기 바란다.

그래서 정답은 자식들에게도 부모 모시는 법을 가르쳐줘야 훗날 부모 봉양을 제대로 할 수 있다는 것이다.

왕자 공주가 도무지 부모 모시는 법을 배우지 못하고 컸다면 그 책임은 누구에게 있을까? 두말 할 것도 없이 부모가 가정에서 사람 섬기는 법을 가르치지 못해서이다.

까마귀도 어미가 늙어 힘 못쓰면 먹이를 물어다 준다는 '반포지효(反哺之孝)'라는 고사성어가 있다. 사람의 자식에게도 어려서부터 이런 효의 원리를 가르쳐 주어야 한다.

유학 보낸 자식 학비 대느라 이 생명 다 바쳐 일한 후에, 훗날 남는 것 없이 빈 손이라면 인생에 무슨 의미가 있겠는가? 멋쟁이 며느리부터 손자 손녀들이 당신의 늙고 초라한 모습을 보고 좋아하겠는가?

밥 한 끼 얻어먹는 것도 눈총 속에 먹어야 하고, 아이들 공부에 방해된다며 골방에 파묻혀 있어야 한다. 못생긴 나무가 산을 지킨다고, 차라리 못 배운 아들놈하고 오손도손 사는 것이 더 인간다운 생활이란 사실을 알아야 한다.

독을 없애는 삶

어느 병원 앞의 게시판에 이렇게 적혀 있었습니다. "전갈에 물렸던 분이 여기서 치료를 받았습니다. 그 분은 하루 만에 나아서 퇴원하였습니다."

또 다른 게시판이 있었습니다. "어떤 분이 뱀에 물렸습니다. 그 분은 치료를 받고 3일 만에 건강한 몸으로 퇴원했습니다."

셋째 게시판에는 이렇게 쓰여 있었습니다. "어떤 사람이 미친개에게 물려 현재 10일 동안 치료를 받고 있는데, 곧 나아서 퇴원할 것입니다."

그리고 마지막으로 넷째 게시판도 있었습니다. "어떤 분이 인간에게 물렸습니다. 여러 주일이 지났지만, 그분은 여전히 무의식 상태에 있으며 회복할 가망도 별로 없습니다."

과학자들이 재미있는 실험을 했다고 합니다.

내용인즉 부부 싸움을 악에 받쳐 하게 되면 입김이 나오는데, 그 입김을 모아 독극물 실험을 했더니 놀랍게도 코브라독보다 강한 맹독성 물질이 나왔다는 것입니다.

또 한 사람을 데려다가 타액 검사를 해본 결과, 평소엔 이상이 없었는데, 칸막이 속에 가두어둔 채 약을 올려 신경질을 부리게 한 뒤 타액 검사를 했더니, 황소 수십 마리를 즉사시킬 만큼의 독극물이 검출되었다고 합니다.

그런데 즐겁게 웃고 난 사람의 뇌를 조사해 보니, 놀랍게도 독성을 중화시키고 웬만한 암세포라도 죽일 수 있는 호르몬을 다량 분비시켰다고 합니다.

인간의 내부에는 얼마나 많은 양의 독이 들어 있을까요? 억제, 불안, 미움, 공포, 스트레스 등이 뭉쳐서 억눌려 있다가 어느 날 갑자기 폭발하는 순간 그것은 엄청난 양의 독으로 뿜어져 나올 것입니다

그 독을 없애는 유일한 길은 웃음을 띤 따뜻한 말 한 마디, 격려와 칭찬의 말이라고 합니다. 글을 읽고 보니 내가 언제 한 번이라도 따뜻한 말, 칭찬의 말, 감사의 말을 하였던가 하는 생각이 듭니다. 부끄럽게도 한 번도 없었다고 해도 과언이 아닐 성싶습니다.

효(孝)는 물질도 중요하지만 이러한 따스한 말 한 마디에서 우러나오고, 이러한 따뜻한 마음가짐이 없이 물질만을 추구할 때는 오히려 불행이 될 수도 있음을 나 자신이나 주위에서 숱하게 발견할 수 있습니다.

돌이켜보면 나는 내면의 상처가 많은 사람이었습니다. 대화가 없는 부모 때문에 내 마음속에는 불안과 자신감의 부족이 자리 잡고 있었고, 대가족제 아래서 상호간의 갈등으로 사랑에도 허기를 느끼며 어린 시절을 보내야 했습니다.

그 후유증으로 나는 사람들을 두려워하게 되었고, 나의 감정을 있는 그대로 표현하지 못하고 스스로 억압하며 살았습니다. 사람들 앞에 서면 두려움을 느꼈고 특히 대인관계에서 자기 표현력이 부족하였습니다.

모든 게 불만이었기 때문에 나의 얼굴 표정은 언제나 굳어 있었고, 자신을 사랑할 줄도 몰랐습니다. 자신을 사랑하지 못하는 사람은 가족, 형제, 친구, 이웃 등 주위의 모든 사람을 사랑할 줄도 모릅니다.

이렇게 불만으로만 살았던 나에게 서서히 변화가 일어났습니다. 내가 잃어버리고 살아온 나의 참된 자아를 찾은 것입니다. 그 기적이 나이 56세에 일어났습니다. 암 수술을 받은 후 비로소 새로운 제2의 인생을 맞이하였고, 참 자아를 찾기 위한 나의 여행은 시작되었습니다.

마음속의 독을 없애는 길은 긍정과 낙관의 말입니다. 먼저 따뜻한 말, 격려와 칭찬의 말을 자기 자신에게 해보십시오. 조금씩 마음속의 독을 없앨 수 있습니다. 그리고 그 따뜻한 말은 주변 사람의 기분마저 바꿔 놓습니다. 내가 따뜻한 말을 하면 주위의 에너지가 나에게 흘러옵니다. 주위에서 나에게 따뜻한 말을 보냅니다.

이런 말이 있습니다.

"네가 따뜻하면 세상도 따뜻하다. 네가 차가우면 세상도 차갑다. 이 모든 것은 세상의 중심인 너에게 달려 있다."

지금부터라도 가능하면 자기 마음속부터 먼저 따뜻하게 하고, 그 후 따뜻해진 마음으로 다른 사람을 대하십시오.

그게 효의 첫걸음이요, 행복의 길입니다.

위기극복과 효 교육

우리는 20세기와 21세기의 두 세기에 걸쳐 살아가는 행운아들입니다. 먼저 새로운 21세기를 맞이하여 한국이 당면한 현실을 살펴보고자 합니다.

첫째, 인간수명 연장으로 인한 노령인구 증가

둘째, 핵가족화로 인한 공동체 붕괴 현상과 인간 존엄성 상실

셋째, 정보화 시대에 따른 학습혁명

넷째, 시간과 장소를 초월하는 인터넷 문화의 무한 가능성

다섯째, 국제화 시대 및 우주시대 도래

여섯째, 분쟁지역 증가

일곱째, 국가 이기주의, 지역주의 도래

이런 현실은 세계 각국이 공통으로 직면한 심각한 현상들입니다. 최근 국가의 중요기관에서 한국사회가 극복해야 할 당면 문제에 대해 우리 국민들에게 설문조사한 결과 북핵 문제나 경제 문제보다 첫째로 가정 붕괴, 둘째로 도덕성 상실, 셋째로 집단 간의 갈등을 들었습니다.

이러한 문제들은 정신적·도덕적 가치를 중요시하기보다 물질 만능주의가 팽배한 데서 그 원인을 찾을 수 있을 것입니다.

우선 우리처럼 2차 대전 후 분단되었던 독일의 경우를 살펴봅시다. 1807년 독일은 나폴레옹과의 전쟁에서 패전하여 국민과 지도자들은 자포자기에 빠지고, 국토는 분할되고, 엄청난 전쟁 배상금으로 희망을 잃은 국민들

이 절망의 늪에 빠져 있었습니다.
 이때 철학자 피히테(Johann Fichte)는 프랑스군의 말발굽 소리를 들으며, 역사에 빛나는 열변을 토했습니다. '독일 국민에게 고함'이라는 유명한 연설로 내용은 다음과 같습니다.

> "독일이 왜 패망하였는가? 독일군은 약하고 프랑스군이 강해서인가? 아니다. 독일이 패망한 것은 전쟁에서가 아니라 독일인의 이기심과 도덕적 타락 때문이다. 이제 독일을 재건할 길은 무엇인가? 국민교육을 통한 민족혼의 재건에 있다. 새로운 독일인을 만들고, 민족혼을 재건하자!"

 피히테의 열변에 감동한 국민은 용기를 회복하였고, 초등학교 아동들부터 민족혼의 재건을 위한 국민교육을 시작하였습니다. 그리하여 어린이, 청소년들에게 도덕 재무장과 민족혼을 일깨우는 운동이 일어났습니다.
 1871년 독일과 프랑스 간에 다시 전쟁이 일어났습니다. 이번에는 전과 달리 독일의 완승으로 전쟁은 끝났습니다. 전쟁을 승리로 이끈 전쟁영웅 몰트케(Moltke)장군이 귀국하였을 때 국민들이 크게 환영하였습니다. 이때 몰트케 장군이 말했습니다.
 "독일의 승리는 나와 군인들의 공이 아닙니다. 초등학교 선생님들의 공입니다. 이 모든 영광을 그들에게 돌립니다."
 이 말은 무엇을 뜻합니까? 국가의 장래는 아이들이 무엇을 보며 자라느냐, 무엇을 생각하고 있느냐, 어떤 교육을 받고 있느냐에 달려 있습니다. 독일의 경우 이런 내용들이 수십 년 후 꽃이 피고, 열매를 맺게 된 것입니다.
 그러면 피히테가 사자후를 토한 후 독일 초등학교에서 무엇을 교육하였기에 '독일 혼'을 심을 수 있었을까요?

어린이들에게 새로운 도덕의 기풍을 다시 일으키는 교육을 시작하였습니다. 그때 독일인들이 초등학생들에게 가르친 것은 거창한 내용이 아니었습니다. 애국·애족하자거나 희생·봉사하자는 것도 아니었습니다. 가장 상식적이고도 소박한 시민정신의 실천이었습니다.

다시 말해 이웃에게 피해를 주지 말자는 상식의 가르침이 '독일 혼'을 일깨우는 교육의 알맹이였습니다.

그러면 이제 우리 한국의 경우를 살펴보고자 합니다.

우리는 반만년 역사를 자랑하고, 배달민족의 우수성을 고취하려 들고 있습니다. 그럼에도 불구하고 민주사회 시민으로서 갖추어야 할 극히 상식적인 가르침을 소홀히 하고 있습니다.

오늘같이 정신적 가치관이 망가진 시대에, 이기심과 물질주의로 병들어가는 시대에, 우리가 먼저 가르치고 본을 보여야 할 가치는 '상식이 통하는 사회'입니다. 다시 말해 이웃을 배려하고, 다른 사람에게 피해를 주지 않으려고 하는 마음입니다. 다른 말로 표현하면 인도(人道)의 정신을 가르치는 교육입니다.

특히 효는 노인과 젊은이, 남자와 여자, 진보와 보수, 직장에서의 상사와 부하, 집안에서의 남편과 아내, 부모와 자식, 물질과 정신의 조화를 뜻합니다. 그래서 한국 교육은 효에 바탕을 두어야 한다고 생각합니다.

한국의 정신문화에 대해 다른 나라 위인들이 언급한 예는 매우 많습니다. 그 중 두 가지만 예로 들겠습니다.

영국의 세계적 역사학자인 토인비 박사는 "장차 한국이 인류에 기여할 것이 있다면 그것은 바로 효 사상일 것이다. 만약 지구가 멸망하고 인류가 새로운 별로 이주해야 한다면 지구에서 꼭 가지고 가야 할 제일의 문화는 한국의 효 문화다."라고 말했습니다.

　인도의 시인 타고르는 "일찍이 아시아의 황금시기에 빛나던 등불의 하나인 코리아, 그 등불 다시 한 번 켜지는 날에 너는 동방의 밝은 빛이 되리라."라고 말했습니다.

　여러분이 아시다시피 1990년 소련은 붕괴되었습니다. 자본주의와 경쟁하다 사회주의·공산주의가 무너진 것이지요. 그런데 오늘날 자본주의는 어떻습니까? 자본주의의 본산인 미국에서도 시장에 정부가 개입하고, 거대한 회사의 경영에 정부가 개입하고 있습니다.

　이런 현상으로 미뤄보건대 21세기에는 사회주의나 자본주의는 점차 퇴색되고, 효 사상과 같은 인도(人道)주의의 새로운 가치가 필요함을 말해주고 있습니다.

숙종 임금이 살펴본 행복

2010년 8월 서울대에서 한국심리학회 주최로 '행복한 사회로의 심리학'이란 주제로 연차학술대회가 열렸다. 행복과학 분야의 세계적 권위자이며 미국 일리노이대 심리학과 석좌교수인 에드 디너(Ed Diener)는 '한국사회의 행복도'란 주제의 기조연설에서 다음과 같이 한국사회를 진단했다.

> "한국은 지나치게 물질 중심적이고, 사회적 관계의 질이 낮다. 이는 한국의 낮은 행복도와 밀접하게 관계된다. 특히 물질주의적 가치관은 최빈국인 짐바브웨보다 심하다. 물질주의적 가치관 자체가 나쁜 것은 아니지만 사회적 관계나 개인의 심리적 안정 등 다른 가치를 희생하고 있어서 문제다."

쉽게 말해 돈 버는 데 신경 쓰느라 가족관계나 개인의 취미로부터 얻을 수 있는 행복을 등한시한다는 뜻이다. 대한민국은 물질적 풍요는 이루었는지 모르지만, 행복지수는 매우 낮은 수준임을 지적하는 내용이었다. 10년이 지난 지금은 어떨까?

조선조 숙종은 미행(微行)을 자주 나갔던 모양이다. 그의 미행 일화는 돈이나 물질보다 가족 간의 화목과 효행이 행복을 위해서는 더 중요하다는 내용을 이야기하고 있으니, 한번 음미해 보기 바란다.

숙종 임금이 어느 날 야행을 나갔다가 가난한 사람들이 모여 사는 동네를 지나게 되었다. 다 쓰러져 가는 집들을 보며 혀를 차고 있는데, 어느 움막에서 웃음소리가 끊임없이 흘러나오는 것이 아닌가?

기와집이 즐비한 부자 동네에서도 듣지 못했던 웃음소리에 숙종은 어리둥절하였다. 숙종은 그 까닭을 알아보기 위하여 움막에 들어가 주인에게 물 한 사발을 청했다.

그 사이 문틈으로 방안을 살펴보니 수염이 허연 할아버지는 새끼를 꼬고 있고, 올망졸망한 어린 아이들은 짚을 고르고 있었다. 할머니는 빨래를 밟고 부인은 옷을 깁고 있었다. 그런데 모두들 얼굴이 어찌나 밝고 맑은지, 도무지 근심이라곤 찾아볼 수 없었다.

숙종이 주인에게 물었다.

"형편이 어려워 보이는데, 무슨 좋은 일이라도 있소? 밖에서 들으니 이곳에서 웃음이 끊이지 않더이다."

주인이 대답했다.

"빚 갚으며 저축하면서 부자로 삽니다. 그래서 저절로 웃음이 나오나 봅니다."

궁궐로 돌아온 숙종은 금방 쓰러질 것 같은 움막에서 살며, 빚도 갚고 저축도 한다는 말이 의아해서 몰래 알아보았다. 하지만 조사결과 그 집에는 정말 빚이건 저축이건 아무 것도 없었다. 숙종은 다시 그 집을 찾아가 주인에게 예전에 했던 말의 뜻을 물었다.

"빚 갚으며 저축하면서 부자로 산다는 말이 무슨 뜻이오?"

주인이 웃으면서 대답했다.

"부모님 봉양하는 것이 곧 빚 갚는 것이고, 제가 늙어서 의탁할 아이

애타게 그리운 할머니

할머니가 애타게 그리운 것을
할머니가 애타게 그리운 것을

칠순이 가까운 나이가 되어 인생을 되돌아보니
할머니가 날이 갈수록 그리운 것을

자식을 걱정하는 아버지의 마음이 되어보니
세월이 갈수록 할머니가 그리운 것을

이제는 늙어가며 죽음을 생각할 때가 되어보니
그럴수록 더욱 할머니가 그리운 것을

선명하게 떠오르는 어릴 적 고향집을 그려보니
더욱 그리운 할머니의 따스한 품이어라!

들을 키우니 이게 바로 저축이 아니겠습니까? 어떻게 이보다 더 부자일 수 있겠습니까?"

세계적인 여론조사기관인 갤럽이 130개국 13만 7,214명을 대상으로 실시한 행복 여론조사를 분석한 결과 한국인의 삶의 만족도는 5.3점(11점 만점)으로 중간인 5.5점보다 약간 낮았다. 긍정적인 감정과 부정적인 감정 간의 차이를 나타내는 '정서균형'은 130개국 중에서 116위였다.

물질적 가치의 중요성을 묻는 질문(9점 만점)에서 한국은 7.24로 우리보다 부자나라인 미국(5.45)이나 일본(6.01)은 물론 최빈국인 짐바브웨(5.77)보다 훨씬 높게 나왔다.

이것은 돈만 많으면 행복할 것이라고 믿는 정도가 다른 선진국이나 후진국보다 매우 높다는 것을 보여주는 결과다.

에드 디너 교수는 "행복의 결정적 요인은 사회적 관계, 배움의 즐거움, 삶의 의미와 목적, 작은 일상생활에서 긍정적인 것을 인식하는 태도"라고 말한다. 즉 긍정과 낙관의 마음가짐을 가지고 작은 것이라도 매일 새로운 것을 배우는 즐거움이, 개인의 행복에 크게 기여한다는 사실을 강조한 것이다.

나아가 에드 디너 교수의 말은 자본주의 사회 속에서 살아가는 우리에게 부자가 되는 것도 물론 중요하지만, 자신의 다른 소중한 가치인 인간관계나 자신의 내면의 행복, 부모에 대한 효도와 형제간의 화목, 개인의 취미로부터 얻을 수 있는 행복을 희생하면서까지 부자 되기만을 추구하고는 있지 않은지 생각해 보아야 함을 일깨워 주고 있다.

숙종의 미행(微行) 이야기는 먼 옛날의 일이지만 자기의 생활과 처한 상황을 긍정과 낙관의 마음가짐으로 인식하고, 행복을 집 밖에서보다 집안과 자신의 내면에서 찾아야 함을 말해주고 있다. 또한 가족끼리 화목하고 효를 행하면서 더 나은 미래의 삶에 기대를 가지고 살아가는 게 가장 부자이고 행복하게 사는 길임을 보여주는 좋은 예로서 가슴 깊이 간직할 만하다고 하겠다.

리더의 덕목은 '경청'

　가정, 회사, 단체, 사회, 국가 할 것 없이 구성원들의 취약점 중 하나가 대화에 서툰 점입니다. 대화의 기본은 말하는 것이 아니라 듣는 것입니다. 먼저 잘 들어야 대화가 이루어집니다. 그런데 일부 한국인들은 대화가 시작되면 먼저 말하려 들지, 들으려고 하지 않습니다. 잘 듣지를 못하니 그 대화가 제대로 이루어질 수 있겠습니까?
　먼저 잘 듣는 사람이 대화를 잘하는 사람이요, 그런 사람이 지혜로운 사람입니다. 특히 가정, 회사, 단체, 사회, 국가의 지도자들의 경우는 더욱 그러합니다. 지도자가 되려면 먼저 듣기에 능하여야 합니다. 잘 듣는 사람은 인간관계가 좋고 상황 파악을 제대로 할 수 있어 실수가 적고 사람의 마음을 움직여 마음을 얻습니다.

　여러분은 대화와 소통을 할 때 얼마나 상대에게 집중하면서 상대의 마음을 읽기 위해 노력하고 계신가요? 서로 말이 통하지 않는다고 할 때 상대에게 얼마나 많은 관심을 가지고 대화와 소통을 하였는지 반성해 보신 적은 있으신지요? 서로 대화를 할 때 귀는 막고 자기말만 하려고 하는데 소통이 될 리가 없죠. 그래서 인간관계에서는 '경청'이 중요합니다.
　신이 인간에게 한 개의 입과 두 개의 귀를 준 것은 말하는 것보다 두 배 이상 들으라는 뜻입니다. 듣는 것이 안 되면 대화와 소통이 이루어지지 않으니 소통은 입이 아니라 귀로 시작합니다. 귀를 열어야 마음이 열려 대화와 소통이 됩니다.

오늘날과 같은 민주주의 시대는 더 말할 필요가 없습니다. 좋은 대화와 의사소통을 위한 첫 단계는 남의 말을 경청하는 것입니다.

경청은 단순히 자신이 말을 하지 않는 것만이 아니라 상대방의 마음속으로 들어가는 것입니다. 오로지 말하는 사람에게만 집중하고, 당신이 말하고 싶은 것은 잊어야 합니다.

당신을 비판하는 상대방의 관점에 동의하든 않든, 일단 상대방의 말을 잘 듣는 것은 당신에게 배울 기회를 가져다줍니다.

잘 경청하기 위해서는 상대를 받아들이는 자세, 다시 말해 노력, 인내, 참을성, 정성이 갖추어져야 합니다.

"사람의 마음을 움직이는 것은 입을 통한 설득이 아니라 귀를 통한 경청이다."

경청으로 성공한 사람은 많이 있지만, 그 대표적인 경우가 황희 정승이겠지요. 태종과 세종은 대신들의 의견이 대립되는 상황이 되면 '황희 정승의 말대로 하라.'며 그에게 두터운 신뢰를 보냈다고 합니다. 그는 눈과 귀, 마음까지 기울이며 상대방의 말을 경청할 수 있는 능력이 있었기에 오랜 기간 동안 명재상이 될 수 있었던 것입니다.

그는 젊은 시절 '누렁 소와 검정 소'의 일화를 통해 경청의 중요성을 깊이 깨닫는 계기가 되었다고 합니다. 이 일화는 오늘을 살아가는 우리에게도 경청의 중요성을 일깨워주는 좋은 예입니다.

젊은 시절 어느 날, 암행어사가 되어 시골길을 걷고 있던 황희가 잠시 길가에 걸터앉아 쉬고 있는데, 한 농부가 누렁 소와 검정 소 두 마리에 쟁기를 매달아 밭을 갈고 있는 모습을 보자 장난기가 발동하여 이렇게 물었다.

"이보시오, 누렁 소와 검정 소 두 마리 중 어느 소가 일을 더 잘하오?"

그러자 농부는 밭을 갈다 말고 쟁기를 밭 가운데 놓아두고는 황희에게 다가와 귀에 대고 이렇게 속삭였다.

"검정 소보다 누렁 소가 일을 조금 더 잘합니다."

의아하게 여긴 황희가 물었다.

"왜 귀에 대고 속삭이시오?"

"소가 아무리 하찮은 짐승이라 하더라도 서로 비교되는 건 자존심이 상해 싫어하니까요."

농부의 말에 황희는 한심하다는 표정으로 웃으며 대꾸했다.

"짐승이 어떻게 그런 말을 알아듣겠소? 그렇게까지 조심하지 않아도 될 텐데~~."

이 말을 들은 농부가 황희를 책망하듯 말했다.

"아무리 짐승이라고 해도 하찮게 대해서는 안 되지요. 내가 이끄는 대로 움직이며 밭을 갈고 그러는데, 내 말을 못 알아듣는다고 어찌 장담할 수 있겠습니까?"

황희는 농부의 말을 듣는 순간 뭔가에 뒤통수를 한 대 맞은 듯 깨달음을 얻었고, 자신이 경솔하게 생각했음을 반성하고 부끄러워하며 농부에게 '일깨워주어 고맙다.'고 큰 절을 하고는 그 농부의 말을 오래도록 깊이 되새겼다고 한다. 그 후로 황희 정승은 어느 누구에게도 다른 사람의 단점에 대해 일절 말하지 않게 되었다는 것이다.

오프라 윈프리는 경청 능력을 갖춘 대표적 인물이자 미국에서 가장 영향력 있는 여성 리더로 알려져 있습니다. 그녀는 쇼를 하는 한 시간 동안 자기가 말하는 시간은 10분 정도이고, 나머지 대부분의 시간은 상대방의

이야기를 경청합니다. 눈을 맞추고, 고개를 끄덕여주고, 질문을 던져주고, 그리고 상대를 끌어안는 일이라고 합니다.

   다시 말해 '공감과 경청'의 힘을 가지고 대화와 소통을 실천하는 일입니다. 이렇게 공감과 경청의 힘을 가지다보면 상대의 말에 귀를 기울이게 되고 상대를 자기편으로 만들게 됩니다. 그렇기 때문에 경청은 리더가 반드시 갖추어야 할 덕목이라고 하겠습니다.

이튼학교의 교육

　제2차 세계대전 이후의 신생독립국가는 120여 개에 이릅니다. 이 나라들 가운데서 산업화와 민주화를 동시에 이루고 선진국 대열에 합류한 나라는 한국이 거의 유일합니다. 이런 자랑과 긍지를 계속 유지하려면 우리의 교육 패러다임을 바꾸어야 합니다.

　워털루 전쟁에서 나폴레옹을 격파한 웰링턴 장군의 명언 중에 이런 말이 있습니다.
　"워털루의 전투는 이튼의 운동장에서 결정됐다."
　이튼은 영국의 명문 학교입니다. 이튼에서 배웠기 때문에 워털루 전투에서 이겼다는 것입니다. 이튼은 영국을 이끌어가는 지도자를 배출했다는 자긍심이 대단합니다. 그러면 그런 명문 학교에서 실시하는 교육의 특징은 무엇이었을까요?
　훌륭한 지도자를 키우기 위해 그런 명문 학교들은 기숙사 생활과 체육을 실시합니다. 철저한 기숙사 생활로 자치능력과 자립심을 키우고 체육을 통해 강인한 투지와 체력을 키웁니다. 수업의 반은 체육이었다고 합니다. 그들은 체육을 통해 강인한 체력, 불굴의 투지, 그리고 공정한 신사도를 키워 나갑니다.
　영국의 운동인 크리켓의 경우, 공정성으로 유명하여 '크리켓'이란 말이 공정한 태도를 가리키고, 'play cricket'은 '공명정대하게 하다.'라는 뜻으로도 쓰입니다. 이렇게 체육을 통해 갈고닦은 인격, 체력, 투지, 정신력 등이 영국인을 강하게 했고, 워털루 전투에서도 이길 수 있었다는 것입니다.

20세기 미국의 위대한 대통령 케네디는 이런 말을 했습니다.
"침략자에 대한 우리의 승리는 미국의 운동장과 거리의 광장, 그리고 놀이터에서 기약되었다."
우리가 즐겨 쓰는 말에 "체력은 국력이다."라는 말이 있지 않습니까? 운동은 단순히 체력만을 향상시키는 것이 아닙니다. 강인한 투지와 정신력도 배양시켜 줍니다. 단결심도 심어주고, 정정당당한 인품과 인격도 길러 줍니다. 그래서 이런 운동으로 우리는 개인과 사회를 발전시킬 수 있습니다.
그런데 여기서 유의해야 할 점이 있습니다.
승리를 위해 수단 방법을 가리지 않고 집착한다면 인격도, 단결심도 가져다줄 수 없습니다. 정당하게 서로 협력하며 최선을 다할 때 운동이 제 기능을 발휘하게 됩니다. 올바른 스포츠 정신이야말로 비로소 우리에게 유익한 영향을 끼칠 수 있습니다.

> "특정한 체육인 몇 명이 잘해서 메달을 많이 딴다고 국력이 강해지는 것은 아닙니다. 전문적인 일부의 기술이 좋아졌다고 국력이 강해지는 것은 결코 아닙니다. 오히려 온 국민이 운동에 관심을 가지고 체육을 통해 모두 강인한 체력과 정신력, 인격을 기르는 게 중요한 것입니다."

우리는 동계올림픽 등 국제대회를 유치하기 위하여 수많은 노력을 하였습니다. 이러한 노력이 성공을 거두기 위해서는 더욱 강인한 체력과 정신을 연마하는 운동에 모두 관심을 가지시기를 부탁합니다. 특히 단체 운동을 같이하면서, 강인한 체력과 정신력, 투지, 정정당당한 신사도, 협력 정신도 키우시길 바랍니다. 이래야만 여러분 자신에게는 물론 나라의 발전에도 도움이 될 것입니다.

우리가 물질뿐만 아니라 정신면에서도 진정한 선진국이 되려면 어떻게 해야 할까요? 성공한 사람들만을 위한 소수 기득권층의 세상이 아니라, 스포츠처럼 공정한 평가와 경쟁을 통하여 누구나 성공할 수 있는 세상을 지향해야 합니다.

한민족 고유의 정신인 홍익인간의 가치 구현을 위하여 지금까지의 지덕체(知德體)교육에서 체덕지(體德智)교육으로 교육 패러다임을 바꾸는 일도 필요합니다. 이것은 효의 구현을 통해 정신과 물질이 조화를 이루는 선진국으로 나아감으로써 명실상부한 세계 속의 지도국가가 될 수 있는 길이라고 생각합니다.

행복의 시작은 가정

　가정과 일터와 사회와 국가를 행복하게 만드는 것은 나의 인생철학입니다. 2021년 새해에는 모든 가정이 행복하고, 그래서 가정의 구성원인 가족들이 일하는 일터가 행복해지고, 더불어 우리 사회가 행복하게 되면 행복한 국가가 되리라는 것입니다.
　이러한 대업(大業)의 완성도 효에 뿌리를 두고 있다고 생각합니다. 곧 각 가정이 효(孝)의 정신으로 충만하여 이를 실천하면, 가정의 구성원인 가족들이 행복하고 나아가서 일하는 일터와 국가사회도 행복해지리라는 것입니다.
　그래서 "가정을 사랑의 기업이라 부르고, 자식은 벤처기업과 같다."고 표현합니다. 『로마인 이야기』를 쓴 일본의 여류 역사가 시오노 나나미의 글에 보면, '용서 받지 못할 대죄'를 이태리어로 '페카토 모르탈레(peccato mortale)'라 표현하고 있습니다. 이승에서뿐만 아니라 저승에서도 용서받지 못할 대죄가 바로 불효(不孝)입니다.

　가정생활이 행복하지 않은 사람이 일하는 일터가 행복할 리 없고, 행복을 느끼지 못하는 사람들로 구성된 사회가 행복한 국가를 만들 수는 없습니다. 이 땅에 사는 누구나 소망하는 '행복한 삶'은 사람답게 사는 것, 다시 말해서 자기에게 주어진 역량을 제대로 펼치며 살아가는 삶이 아닐까요?

우리는 지위의 고하(高下)나 신분의 귀천(貴賤)을 떠나 누구든지 인간으로서 행복하게 살 권리와 의무가 있습니다. 우리가 살아가면서 '행복한 삶'을 누리지 못하는 것은 모든 윤리의 기초인 효(孝)의 본분을 저버리며 살고 있기 때문입니다.

부모와 자식 간에 원초적으로 형성되는 효의 정신과 가치가 효의 본향(本鄕)인 가정에서부터 날로 메말라 가기에 우리의 일터와 사회와 국가에 사랑과 배려가 부족한 것입니다. 그래서 효를 사랑의 기초라 합니다.

'행복'을 이야기하는 나의 인생철학은 단순합니다.
"가정에서 효를 실천하면 나 자신부터 행복해진다."
"가정은 부모와 자녀들이 효를 실천하는 보금자리다."
"가정에서 효를 실천하면 행복이 넘치는 일터를 만들 수 있다."
가정이 행복하면 일터가 행복하고, 일터가 행복하면 사회가 행복하고, 사회가 행복하면 국가가 행복할 것은 당연합니다. 가정에서 부모가 솔선수범하고, 자녀들이 효를 따라 배우면 가족이 행복해지고, 가정이 행복해진다는 것이 최고의 행복 가이드입니다.

그렇다면 행복한 가정이 꼭 갖추어야 할 조건들은 무엇일까요?
다음 다섯 가지를 손꼽고자 합니다.

첫째, 부모는 "사랑" 하는 마음으로 자녀를 대해야 한다.
둘째, 자녀는 "감사" 하는 마음으로 부모를 대해야 한다.
셋째, 부모와 자녀들이 저마다 자기에게 맞는 인생목표를 추구하며 살아가야 한다.
넷째, 부모와 자녀는 검소하고 성실하게 살아가야 한다.

다섯째, 부모와 자녀는 다른 사람들에게도 베풀고 나누는 생활을 해야 한다.

특히 다섯 번째 조건은 인도정신, 즉 효의 정신으로 살아가야 한다는 뜻입니다. 위의 다섯 가지 조건은 공자께서 조화롭고 행복한 세상살이의 기준으로 말씀하신 '군군신신부부자자(君君臣臣父父子子)'와도 일맥상통합니다.

"임금은 임금다워야 하고, 신하는 신하다워야 하고, 부모는 부모다워야 하고, 자식은 자식다워야 세상살이가 조화롭고 행복하다."

이것은 이름(名)에 걸맞고 합당한 실(實)이 갖추어질 때 비로소 그 이름(名)은 진정한 의미를 지닐 수 있다는 명실상부(名實相符)의 정명(正名)사상과도 통합니다.

가정에서부터 효(孝)가 제자리를 잡고, 부모와 자녀가 저마다 자신의 분수와 역할에 맞게 생각하고 행동하면서 조화를 이루며 살아갈 때, 행복한 가정이 이루어지고, 행복한 가정은 행복한 일터, 행복한 사회, 행복한 국가로 긍정적인 발전을 거듭할 수 있다는 말이기도 합니다.

"우리는 지금 유사 이래 가장 치열한 생존경쟁 시대를 살아가고 있습니다. 혹자는 이를 <정글 자본주의>로 표현하기도 합니다. 세계 역사상 유래를 찾기 힘들 정도로 짧은 기간에 압축 성장을 통하여 산업화도 이루었고, 민주화까지 이루었으며, 거기에다 정보화 사회로까지 발전했는데, 국민들은 고달픔을 호소하며 행복을 누리지 못하고 있습니다."

한국은 경제협력개발기구(OECD) 회원국들 중에서 행복지수가 가장 낮은 나라입니다. 이에 대한 현실적 대안은 자본주의의 보완이며, 이것이 나눔·감사·봉사 등 감성적 이성과 질적 가치에 중요성을 둔 '효 자본주의' 즉 '인도적 자본주의'입니다.

이를 위해서는 서로가 존중하며 함께 살아가는 인도정신인 효의 정신과 가치를 가정에서부터 되살려야 합니다. 우리만의 고유한 전통인 효가 가정에서부터 실천되어야만 우리의 일터와 사회와 국가가 안정적이고 행복하게 되리라 믿습니다.

공자와 효

우리는 누구나 열심히 노력하며 실력을 갖추고 또 성공하기를 바랍니다. 그러기 위해서는 무엇보다도 먼저 훌륭한 인격을 갖추어야 합니다. 그리고 훌륭한 인격을 갖추기 위해서 지(智), 덕(德), 체(體) 등 여러 방면에서 두루 성장하되 특히 조화와 균형을 갖춘 인격자들이 되어야 할 것입니다. 조화와 균형의 중요성에 대하여 제자 복성이 묻자 공자(孔子)가 대답한 예를 들어 소개합니다.

제자인 복상이 공자에게 물었습니다.

"선생님은 대체 어떠한 현자이시기에 행실이 곧기로는 안회가 선생님보다 뛰어나다고 하시고, 또 사리에 밝기로는 단목사가 선생님보다 낫다고 하시며, 용기로는 중유가 선생님보다 앞선다고 하시고, 위엄은 전사가 선생님보다 더하다고 하실 수가 있습니까?"

이렇게 물으면서 대답이 듣고 싶어 복상은 서둘러 덧붙입니다.

"이 말이 사실일진대, 어떻게 이 네 사람이 선생님의 제자란 말입니까?"

그러자 공자가 대답했습니다.

"서두르지 말고 잘 듣게. 안회는 곧게 처신하는 데는 나보다 낫지만 융통성 있게 굽힐 줄을 모르고, 단목사는 사리를 밝힐 줄은 알지만 단순히 시비를 가려 대답할 줄 모르고, 중유는 용맹하나 우직하여 조심성이 없고, 전사는 위엄이 지나쳐 뽐내지 않고 겸양할 줄을 몰라. 그래서 이 넷이 다 내 아래에 와서 덕을 닦고 있는 것이라네."

결국 안회, 단목사, 중유, 전사 등 네 사람은 각각 일면에서는 공자보다 낫지만, 다른 면에서는 못하기 때문에 제자로서 공자에게 배우고 있다는 말입니다. 공자가 그들보다 나은 까닭은 뭘까요?

　　공자는 어떤 일면에서 그들보다 못한 면이 있다 하더라도 모든 면에서 골고루 뛰어나며 또한 조화를 이루고 있다는 데 나은 점이 있습니다.

　　사람의 인격이나 위대성은 어떤 특정한 면에서 뛰어나다는 것만으로 측정되는 게 아닙니다. 이 말은 어떤 한 가지 뛰어난 기능을 가지고 일하는 게 중요하지 않다는 말이 아닙니다. 기능은 한 가지라도 뛰어난 게 있으면 좋습니다. 그러나 기능이나 기술이 아니라 인격에 있어서는 한 가지만 뛰어나다고 결코 훌륭한 인격자로 볼 수는 없습니다.

　　그래서 여러분이 학창시절에 학교에서 기술만 익히는 게 아니라 진정 인격을 도야하고 성장시켜야 한다면 이러한 인격의 여러 방면을 골고루 발전시키고, 또 조화롭게 발전시켜야 하는 것입니다.

　　이를테면 사람이 사람다워지기 위해 지덕체(智德體)를 갖춰야 하며, 학교에서 이런 면에서 우리의 인격이 성장해야 한다고 할 때, 이 가운데 둘은 아주 뛰어나고 하나는 아주 못한 것보다는 오히려 셋 다 뛰어나지 않더라도 세 가지가 조화와 균형을 이루는 게 더 중요하다는 것입니다.

　　예를 들어 지(智)와 덕(德)과 체(體)를 합하여 총점이 더 높은 게 더 좋은 경우가 아니라, 총점은 낮더라도 오히려 그 세 가지가 균형과 조화를 이루는 게 더 낫다는 말입니다. 예를 들어 지(智)가 90이고 체(體)가 90이어도 덕(德)이 30이어서 총점이 210인 것보다는 각각 60씩으로서 총점이 180인 사람이 훨씬 위대한 인격자라는 것입니다.

　　전자의 경우는 좋기는커녕 오히려 그 지(智)나 체(體)로 사회나 인류에 큰 해가 되기 쉬운 것입니다. 결코 존경과 사랑을 받는 인물로 살 수 없다는 것입니다. 마찬가지로 덕(德)과 체(體)가 훌륭해도 지(智)가 없으면 마음

좋고 건강한 장님처럼 뭐하나 능률적으로 할 수도 없고 심지어 올바른 방향을 잡을 수도 없는 것입니다. 지(智)와 덕(德)이 아무리 뛰어나도 체력이 없으면 마찬가지로 휘발유 없는 자동차와 같을지 모릅니다.

조화와 균형을 이루는 인격체가 되려면 어릴 때부터 가정에서의 효 교육과 뿌리교육이 매우 중요합니다. 명문가정은 인성교육, 즉 효 교육을 통한 가치 창조에 있어서 독특한 전통을 가지고 있습니다.

명문가정을 만들기 위해서는 자녀를 학원에 보내는 것을 우선하기보다, 먼저 부부가 서로 사랑하고 행복하게 사는 모습과 어른을 공경하는 모습을 보여주는 것 이상으로 효과적인 교육은 없습니다.

효는 가정에서의 남편과 아내, 부모와 자식, 노인과 젊은이, 남자와 여자, 물질과 정신의 조화를 뜻합니다. 그래서 가정교육은 조화를 이루는 효에 바탕을 두어야 공자가 말한 조화와 균형을 이룬 훌륭한 자녀로 성장시킬 수 있을 것입니다.

우리가 물질뿐만 아니라 정신면에서도 진정한 선진사회가 되기 위해서는 가정에서부터 우리만의 인성교육, 다시 말해 효 교육을 통한 새로운 가치와 전통을 창조해야 합니다. 그래야 정신과 물질이 조화를 이룬 진정한 선진국가가 되리라 믿습니다.

우리에게 꼭 필요한 효 리더십

현재 한국이 부닥치고 있는 가장 어려운 문제가 '저출산·노령화·핵가족화' 등으로 인한 공동체 붕괴, 공동체 중에서도 가장 중요한 가정공동체 붕괴 문제입니다. 따라서 이것을 해결하기 위한 방안을 제시해 보고자 합니다.

지금은 어느 때보다 가정·조직·사회·국가 및 전 세계적으로 리더십이 절실히 필요한 때입니다.

리더십에서 가장 중요한 것이 인도(人道)주의 정신입니다.

제가 각 분야에서 성공한 지도자들을 연구·조사해 보니, 공통적으로 인도주의 정신을 마음의 밑바탕에 두고 실천하고 있습니다. 자신의 인도주의 정신을 밑바탕으로 해서 인간 고통을 경감시키고, 타인의 생명을 보호하고, 평화에 기여하는 공통점이 있습니다.

그러면 인도주의란 무엇입니까?

인도주의는 인간의 생명을 존중하고, 인간의 존엄성을 인정하며, 모든 사람이 평등한 위치에서 공존·공영하며 함께 살아야 한다는 정신입니다.

인도주의, 사랑과 봉사정신이다

인도주의를 실천하고 실현하려면 마음속 깊이 사랑과 봉사의 정신이 있어야 합니다. 사랑은 넓은 의미로는 예수·석가모니 같은 인류의 스승이 행한 인간·인류에 대한 관심과 좁은 의미로는 상대에 대한 배려와 책임감, 상호간의 이해를 바탕으로 하면서 받기보다는 주기를 좋아하는 정신입니다. 그리고 봉사정신을 가지고 있어야 합니다.

내가 상대방보다 높은 위치에서 시혜를 베푸는 것이 아닌 진정한 사랑을 나누는 행위가 봉사이며, 남을 위해 행동하고 서로가 동등한 위치에서 상대를 배려하고, 자기의 시간·노력·물질 등을 베풀어 주고, 베풂에 대한 즉각적 보상을 바라지 않는 것이 봉사의 정신입니다.

봉사를 실천하려면 마음속에 소명감과 헌신의지를 가져야 합니다. 슈바이처 박사나 테레사수녀를 보면 좋고 편한 자리를 떠나서 자신을 필요로 하는 힘들고 어려운 곳을 찾아가서 자신에게 부여된 소명감과 헌신의지를 가지고 보상을 바라지 않으며 어려운 처지의 사람들을 위하여 일생을 보냈습니다. 그래서 수많은 사람들의 존경을 받았고, 노벨평화상도 받았습니다.

인도주의 정신 구현에 필수적인 '신뢰'

저는 사랑과 봉사정신 외에도 상호간에 신뢰가 있어야 진정한 인도주의 정신이 구현된다고 믿습니다. 신뢰란 구성원들이 서로 믿고 의지함을 말하며, 가정·조직·사회·국가발전의 밑바탕이 되는 구성요소입니다. 요즘 개인이나 가정·단체조직이나, 국가·사회 및 전 세계가 불안정한 것도 바로 구성원 상호간에 신뢰가 부족하기 때문입니다.

사랑과 봉사를 실천하는 인도주의적 리더를 키우려면 가정에서부터 신뢰를 키워주는 자녀교육을 하여야 합니다. 신뢰(信賴)의 신(信)은 사람 인(人)과 말씀 언(言)으로 구성되어 있습니다. 즉 사람이 한 번 말한 것은 지켜야 한다는 뜻입니다. 신뢰가 쌓이려면 가정에서부터 부부 간에, 부모와 자녀 간에 서로가 말한 것은 꼭 지켜야 합니다.

현재 우리가 당면한 가장 심각한 문제인 가정공동체의 붕괴는 부모는 자식에게 돈만 많이 벌어다 주면 되는 걸로 알면서 **상호간의 소통과 대화** 부족으로 부부 간에, 부모와 자식 간에 신뢰를 잃어가고 있기 때문입니다. 또 조그만 집단은 물론이고 거대한 단체에서도 **구성원 상호 간에 신뢰**가 있어야 합니다.

구성원 상호 간에 얼마나 신뢰하고 있느냐의 정도에 **따라** 조직이나 **단체의 응집력**을 알 수 있고, 미래의 발전 정도를 가늠할 수 있습니다.

사랑(Love), 봉사(Service), 신뢰(Trust)정신의 영문 첫 글자인 LST는 Landing Ship Tank(상륙작전용 함정)의 약자로서 해병대가 적진 깊숙이 상륙할 때 LST를 이용하듯이, 우리 모두 인도주의 정신을 구현하고 실천하기 위해서는 LST의 정신, 즉 사랑·봉사·신뢰의 정신으로 무장되어 있어야 한다고 생각합니다.

이게 바로 제가 주장하는 효의 정신이고 인도주의 정신입니다. 인도주의 정신을 실천한 수많은 사람들 중 두 사람의 예를 통하여 그들의 행복과 성공인생을 살펴보고자 합니다.

미국 제39대 대통령 지미 카터

미국의 제39대 대통령인 지미 카터는 1976년에 대통령에 당선되었는데, 대통령에 출마할 때 '나는 대통령에 당선되면 인권정치, 도덕정치를 하겠다.'고 했습니다. 그렇지만 미국이 아무리 초강대국이라지만, 국내·국제정치가 그렇게 되기가 쉽지가 않았습니다. 그러다 점점 인기가 떨어지고 4년 후의 대통령 선거에서 로날드 레이건에게 압도적으로 패했습니다.

지미 카터는 자기 고향인 조지아 주에서조차 인기가 없어 퇴임 후에는 초청해주는 데가 없었습니다. 어느 날 미국 은퇴자협회로부터 당신은 직업도 없는 은퇴자이니 은퇴자협회 회원이라는 엽서를 받았습니다.

보통사람 같으면 이 엽서에 상처를 받고 실의에 빠질 수 있었을 텐데 지미 카터는 은퇴 생활을 하면서 일상생활 속에서 느낀 점들을 솔직하게 쓴 『나이 드는 것의 미덕』이라는 책을 써서 베스트셀러가 됐습니다. 그는 이 책에서 '인생은 나이가 먹을수록 축소되는 것이 아니라 점점 확대되는 것이다. 우리는 후회가 꿈을 덮는 순간부터 늙기 시작한다.'고 했습니다.

저는 과거에만 사로잡혀 후회만 하는 사람에게는 아직 젊다고 하더라도 정신연령은 이미 노인이라고 말합니다. 과거의 후회에만 집착하기보다는 과거의 잘못을 깨우쳐서 지금부터 더 보람찬 미래의 삶을 시작해야 행복과 성공인생이 된다고 말합니다.

그 후 지미 카터는 전직 대통령의 경험을 살려 세계 도처의 분쟁지역에 가서 분쟁 당사자 간에 협상중재자의 역할을 하였고, 집 없는 서민을 위해 사랑의 집을 지어주는 해비타트 운동을 하여 그 공로로 2002년 노벨평화상을 수상했습니다.

한반도의 핵 위기 시에는 북한의 김일성 주석을 만나 한반도의 위기상황을 해결하는 데 일조하기도 하였습니다. 현직 대통령 때는 가장 인기가 없었지만, 전직 대통령 중에서는 가장 인기 있는 사람이 지미 카터입니다.

레이건, 부인과 자녀부터 감동시켜

제40대 미국 대통령인 로날드 레이건은 1980년대 미국경제를 부흥시켰고, 추락한 미국의 위상을 다시 세계의 지도적 국가로 바꾼 가장 인기 있는 대통령이었습니다. 그는 미국의 역대 대통령들이 졸업한 동부의 명문대학이 아닌 일리노이 주의 유레카대학이라는 조그만 대학을 나와서 지역의 작은 방송국에서 일하다가 허리우드에 가서 단역배우로 일했습니다. 후일 부인이 된 낸시 여사는 당시 허리우드에서 잘나가는 일류배우였습니다.

그녀가 레이건과 결혼할 때 레이건은 학벌이나 집안도 안 좋은 데다 이혼남이어서 다들 낸시에게 동정의 눈길을 보냈습니다. 그러나 레이건은 가장 가까이 있는 부인과 자녀들을 감동시킬 줄 알았습니다. 그러한 소통과 감동의 힘이 국민에게 전달되어 지역·계층·종교·당파를 떠나 전 국민을 감동시키고 단결시켜, 미국이 다시 세계의 지도적 국가가 되도록 만든 사람이 된 것입니다.

바로 레이건의 리더십은 가장 가까운 부인과 자녀부터 감동시키는 소통과 감동의 리더십이었고, 이게 국민을 화합시켰고 오늘날까지 당파를 초월하여 존경받는 이유입니다.

나이가 들면서 사람들은 욕심과 이기심이 많아지면서 모든 것을 자기중심적으로 생각하는 경향이 강해집니다. 즉 자기도취에 빠지거나 운명론적인 생각에 지배되기 쉬운데, 그럴수록 물질 중심, 자기중심의 사고를 벗어나 타인을 배려하는 인도주의적 인간관계를 가져야 나이가 들어서도 찾아오는 사람이나 따르는 사람도 많아지면서 행복한 인생이 됩니다.

자신과의 관계뿐만 아니라 타인과의 좋은 관계 형성으로 행복한 인생을 살기 위해서는 인도주의의 실천, 즉 효 정신의 실천의지가 마음속 깊이 있어야 합니다. 그게 행복인생이고 행복해야 성공인생이 됩니다.

날로 불안정해지고 있는 가정이나 조직에서부터 사회나 국가까지 인도주의가 실천되어야 우리 인간이 행복하게 존재할 수 있습니다. 그래서 수많은 리더십 중 효 리더십을 각 개인이 가정에서부터 실천할 때 각 가정에 화목과 평화를 가져와 각 개인의 행복과 성공 인생이 시작되고, 우리 사회와 국가도 안정되어 진정한 선진국이 되리라 믿습니다.

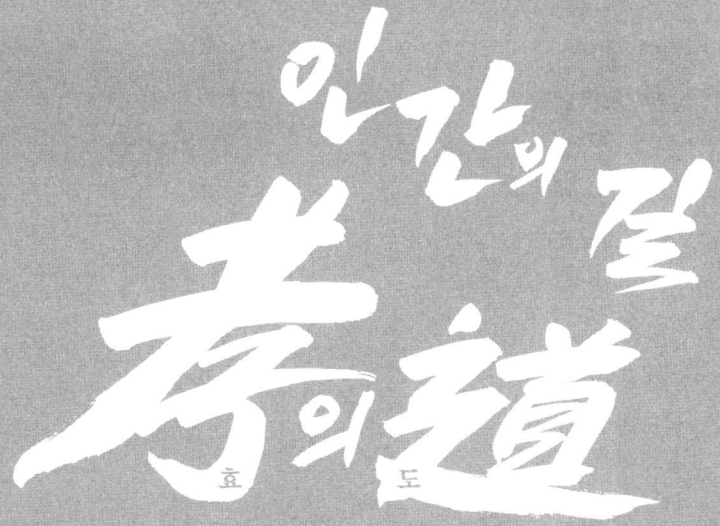

4장 내 안의 할머니

할머니는 나의 성공의 어머니

"나의 모든 성공은 할머니 덕분이다.
나의 모든 성공은 할머니의 도움으로 가능했다.
지금까진 내가 잘해서 성공했다고 생각했다.
나이 들어 곰곰이 생각하니 나의 모든 성공은
할머니의 도움 덕이라는 걸 알았다.
앞으론 더 큰 성공 기회가 있을 거야.
항상 할머님이 나를 돌보고 계시니……."

따지고 보면 살아오는 동안 내가 잘해서 성공했던 일은 별로 없었던 것 같다. 대부분 '할머니가 도와서', '그때 운이 좋아서' 성공했다고 생각한다. 그런 면에서 나는 행운아였고, 이게 바로 할머니의 음덕인 것 같다. 아마 할머니에 대한 불효를 늦게나마 깨우쳤다고 용서해 주신 듯하다.

추억

나에게는 아주 확실한 나만의 행복지대가 있다. 어린 시절에 자주 안겼던 할머니의 따뜻한 품이다. 도시에 계셨던 어머니 대신 나의 애정 결핍을 채워주시던 분, 연세 때문에 축 늘어지긴 했지만 틈만 나면 만지게 해주시던 할머니의 젖가슴이, 내게는 낙원이었다. 할머니의 품안에서 젖가슴을 만지던 그때를 생각하면, 나는 지금도 아련한 행복에 젖는다.

할머니의 손을 만져보면 나무 등걸처럼 까칠까칠하고 갈라져 있었다. 할머니의 손을 들여다보면 가뭄에 갈라진 논바닥이 생각났다. 할머니의 손을 떠올리면 햇볕이 쨍쨍 내리쬐는 여름날, 이마에 수건을 동여매고 땀 흘리며 호미로 밭을 일구는 모습과 겹쳐진다. 할머니의 손은 어려운 시절 나를 키워주신 요술 방망이였다.

평소에도 할머니의 어깨는 연약하기 짝이 없었다. 그 자그마한 어깨로 언제나 나의 바람막이가 되어 주셨는데, 어느 사이 할머니의 어깨는 힘없이 처져 작고 볼품없는 모습이 되어 있었다. 할머니의 노쇠한 뒷모습에 나는 한참을 멍하니 그 자리에서 움직일 수가 없었다.

행여 당신이 손자에게 누가 되지 않을까 하는 조바심으로 평생 손자만을 위해 살아온 당신! 여동생의 다리 상처에 좋다는 말을 듣고 석유를 연탄불에 뜨겁게 데우던 무모함은, 자손 사랑의 마음이 없었으면 도저히 상상조차 하지 못할 일이었다.

옛날에는 시계도 없었을 텐데 어떻게 때를 맞춰 대가족의 끼니 준비를 하셨을까? 학교 가는 자식들의 등교 시간에 맞추기 위해 밤잠도 제대로 주무시지 못하고, 새우잠으로 지샌 밤들은 또 헤아릴 수도 없이 많았겠지. 흐리거나 비가 와서 시간을 가늠하기 어려울 때는, 어떻게 때를 맞추며 그 허구한 세월을 살아오실 수 있었을까?

내가 6학년 때 서울로 수학여행을 다녀왔다.
수학여행 다녀오는 나를 위해 할머니께서 멀리 시골에서 올라오셔서, 기차역까지 마중을 나오셨던 기억이 난다. 초등학교 교실로 손수 지으신 따끈한 밥을, 집에서 내가 먹던 밥그릇에 담아 보자기에 싸오신 적도 있었다.

한밤중에 벌떡 일어나 가슴을 치며 주무시지 못하던 깊은 뜻을 이제야 알 듯싶고, 모질고 잘못된 말로 행패를 부려 할머니 가슴에 평생 못을 박기도 했다. 이제 와서 땅을 치고 후회해본들 무슨 소용이 있을까. 칼에 베이는 것보다 더 아픈 것이 사람의 말에 상처 입는 것이라는 진리가, 이제야 뼛속 깊이 스며든다.
손자의 철없는 말에 할머니의 마음은 어떠셨을까?

'쏜살같이 흘러가는 세월 속에 흰머리와 주름살은 늘어만 가고, 그동안 온 정성을 바쳐 집안 어른들을 모셨는데 이제는 손자들마저 뼛골까지 내놓으라 한다. 그러나 어쩔 건가, 이게 내 복이니. 이 내 마음 누가 알아줄까?'

이런 생각을 하시지 않았을까?

오늘의 나를 있게 해주신 할머니!
하지만 세월이 갈수록, 내가 나이가 먹을수록 할머니는 내 마음속에 더욱 더 생생하게 살아난다. 세상물정 몰랐던 나를 감싸 안고 다독거려 주셨던 할머니가, 지금도 항상 내 주위에서 나를 감싸 안으시며 정신세계를 지배하고 계신 것 같다.
나는 자주 이렇게 중얼거려 본다.
"할머니! 당신은 나의 정신이요, 내 인생의 전부입니다. 저 세상에서 뵐 때까지 항상 건강하십시오. 저는 매 순간 순간을 할머님의 은덕으로 살아가고 있습니다."

지금 당장 저작권료를 치를 방법은 없지만, 내 마음을 그대로 담아낸 시 한 편을 인용하고 싶다. 북한 시인 오영재의 <늙지 마시라>는 시다.

늙지 마시라

늙지 마시라, 더 늙지 마시라. 할머니여.
세월아 가지 마라, 세월아 섰거라.
너 기어이 가야만 한다면,
할머니 앞으로 흐르는 세월을 나에게 다오.
내 할머니 몫까지 한 해에 두 살씩 먹으리.
검은 빛 한 오리 없이 내 백발 서둘러 온대도,
어린 날의 그때처럼
할머니 품에 얼굴을 묻을 수 있다면,
그 다음엔 그 다음엔 내 언제 죽어도,
여한이 없으리.

내가 '할머니'라는 단어에 숙연해지는 이유는 무엇일까?
할머니의 위대함은 어디서 오는 것일까?
'조건 없는 사랑'과 '자기희생' 바로 그것일 것이다. 못 잡수시어 뼈만 남은 앙상한 모습의 할머니셨지만, 세월이 흐를수록 할머니가 더욱 그리워지고 보고 싶다.

연어는 어느 정도 자라면 고향을 떠나 대양을 주유하게 되지만, 결국엔 자기가 태어나고 자란 고향으로 돌아와, 산란이라는 과업을 완수하며 생을 마감한다. 나는 학창시절과 사회 초년병 시절 과욕과 자기중심적이고 이기적인 마음에 사로잡혀 수많은 세월을 허송한 적이 있다. 나를 키워주신 할머니는 배가 고프신지, 어디가 아프신지, 전혀 신경을 쓰지도 않았다.
더욱이 자기만 생각하는 이기적 마음이니 하는 일마다 잘 풀리지 않았고, 일은 더욱 꼬이기만 했다. 이제 세상을 알 만하고 생활 형편이 좀 나아졌지만, 나를 항상 아껴주시는 할머니는 영영 만날 수 없는 먼 나라로 가셨다.
세상의 큰 역경과 맞서 싸울 때나 어려운 환경에 처할 때마다 할머니란 정신적 지주가 계셨기에, 온갖 고난을 이겨내며 지금의 내가 있다. 지금도 항상 열심히 살아가는 손자는 모든 것이, 할머님의 은덕이라 여기며 살아가고 있다.

아침저녁으로 시원한 바람이 부는 황금빛 계절 10월이다. 모두들 금년도 세 달밖에 남지 않았다고 하면 "벌써?" 하고 놀라실 것 같다. 모두가 바쁘게 살아왔다는 증거겠지. 지금쯤은 금년의 지나온 날들을 돌아봄도 좋을 듯하다. 좋은 일, 행복한 일도 있었고 슬픈 일, 힘든 일도 있었던 것 같다. 모르는 10년 후의 행복을 위한 삶보다는, 오늘 하루의 행복한 삶이 중요하다고 한다. 하루하루 무심코 지나가는 일상이지만, 일상 속에서 행복을 찾았으면 좋겠다. 행복은 항상 우리 가까이에 있으니까. 그래서 아름답고, 행복한 하루하루가 되길 빈다.

할머니 돌아가실 때를 회상해 본다. 언젠가 할머니가 어려운 형편에 금팔찌를 사서 끼시고, 몇 년간 찾아보지도 않은 손자를 보기 위해 상경하신 적이 있다. 그리고 손자를 장가보내기 위해 동분서주하시었다. 아마도 자신의 여생을 짐작하셨나 보다.

많은 사람들이 죽음의 준비 없이 고통 속에 외롭게 죽어가고 있다. 그러나 홀로 외롭게 죽는 것은 안 좋은 일이다. 외롭지 않게 고통 없이 가족과 함께 맞이하는 임종이, 인간답게 죽는 방식이다. 그 사람의 죽음을 보면 그 사람이 살아온 삶의 족적을 알 수 있다. 할머니께서 고통 속에서 마지막 돌아가신 모습을 생각하니 더욱 마음이 아프다.

인간은 누구나 태어나면 늙고 병들고 죽는다. 누구나 자기의 인생을 어떻게 보낼지 선택할 권리가 있지만, 현실은 그렇게 녹록치 않다. 잘 죽기 위해서는 잘 살아야 한다. 잘 살기 위해서는 효의 정신이 되살아나야 한다. 그런데 우리 할머니는 자손에 대한 희망이 없어지니, 그게 원인이 되어 암이 생겨난 것 같다. 말하자면 화병으로 인한 암이다.

내가 쉰여섯 살 때 할머니께서 내 꿈에 나타나 병원에 가보라고 계시하신 덕분으로, 나는 수술을 할 수 있었다. 수술하여 암을 극복한 것은 나의 남은 인생을 값있고 뜻있게 살아가라고 해주신, 할머니 덕분이다.

나는 할머니 살아생전에 효도를 제대로 하지 못했는데, 꿈에 할머니가 나타나셔서 병원에 가라고 하셨으니, 이게 바로 조상의 무한한 내리사랑 덕이 아닌가 생각한다.

정화수

보고 싶은 할머니!
편지를 쓸려고 하니 또 눈물이 먼저 납니다. 저는 초등학교 3학년까지 할머니 집에서 자랐지요. 학교까지는 2km, 겨울날 어린 나에게는 매우 먼 길이었습니다. 그런데 할머니는 이 손자가 추울까 봐 조그만 돌을 화로에 덥혀 저의 손에 꼭 쥐어 주셨지요. 그 생각을 하니 또 가슴이 메어 옵니다.
일곱 가구가 사는 조그만 마을에는 제 또래들이래야 겨우 서너 명 살고 있었지만, 그리 친하게 지내지도 못했지요. 집 주위에는 밤나무와 딸기밭 등이 있고, 맑은 날에는 멀리 지리산이 보였지요. 앞에는 섬진강이 유유히 흐르고 있었고요. 하얀 모래사장과 예쁜 자갈밭 등은 어린 저에게 너무나 아름다운 풍경이었습니다.
커다란 집에는 증조할머니와 할머니, 할아버지와 나 이렇게 네 식구가 살았지요. 그때 말을 나눌 상대가 별로 없었던 것이, 지금 나의 성격과 행동에도 많은 영향을 미쳤을 거라고 생각합니다.
여름이면 섬진강을 수놓던 은어 떼가 떠오릅니다. 집 앞의 밭에서 딴 수박을 강에서 던지며 놀았던 기억은 칠십을 넘긴 지금도 아름다운 추억으로 남아 있습니다. 특히 싸리나무 울타리로 새까맣게 날아들던 잠자리들은 아직도 눈에 선합니다.

할머니!

할머니는 새벽마다 방에다 조그만 상을 마련하여 마당에 있는 우물에서 길러온 정화수를 떠놓고 비셨지요. 제가 새벽에 소변이 마려워서 요강에 오줌을 눌 때도, 할머니는 언제나 빌고 계시는 모습이었습니다.

언젠가 새벽에 기도하는 할머니의 모습을 오랫동안 지켜본 적도 있었습니다. 희뿌연 어둠 속에서 두 손을 비비면서 연신 허리를 굽히시던 할머니의 모습이 어제같이 떠오릅니다.

청소년기를 거치고 사회생활을 하면서는, 좌절하고 인생의 목표를 잃고 방황할 때가 수없이 많았습니다. 누구 한 사람 기댈 곳도 없고 삐딱한 유혹도 참 많았습니다. 어쩌다 양심에 어긋나는 행동을 할 때도 있었고, 남에게 크게 못할 짓은 아니었다 하더라도, 나쁜 짓을 제법 했던 것 같습니다.

그러나 그때마다 저를 올바른 길로 인도해준 것은 정화수를 떠놓고 기도하시던 할머니의 모습이었습니다.

할머니!

이제는 제가 자식을 키우는 부모가 되었습니다. 자식을 키우면서 때때로 느끼는 노심초사가 할머니께서 새벽마다 정화수를 떠놓고 기도하던 그 정성만 할까, 혹시 그 반도 미치지 못하면서 나는 너무 지나친 기대를 하는 것은 아닐까 반성해볼 때가 참 많습니다.

비록 할머니는 변변한 교육도 제대로 받지 못하셨지만, 하루도 빠지지 않고 기도하는 그 모습 속에서 저는 사람의 도리를 배울 수가 있었습니다. 오늘날 어른들은 자식들 버릇없다고 불평하지만, 과연 그 자식에게 얼마나 정성과 눈물을 쏟고 있는지 반문해 볼 때가 많습니다.

세상이 쓸쓸하고 허전할 때는 더욱 할머니 생각이 납니다. 당신은 그 모질고 험난한 세월을 살아오셨지만, 이 손자는 그 희생과 헌신 덕분에 행복한 세월을 살아왔다고 고백하고 싶습니다. 만약 이 순간 제 옆에 계신다면

"할머니를 만나 참 행복했습니다."라고 큰 절을 올리고 싶습니다. 다음 생에는 거꾸로 태어나 제가 할머니를 위해 기도하는 사람이 되길 바랍니다.

험난하고 어지러운 이 세상! 아무리 모진 세파에 흔들려도, 진실한 사랑을 간직한 사람들은 있습니다. 그리고 어떤 진흙탕 속에서도 결코 자신을 포기하지 않는다는 것을 압니다. 파울로 코엘료가 쓴 『연금술사』에 이런 구절이 나오네요.

"무언가를 바라는 마음은, 곧 우주의 마음으로부터 비롯된 때문이지. 그리고 그것을 실현하는 게 이 땅에서 자네가 맡은 임무라네."

저는 이제 늦게나마 깨달은 대로, 못다 한 효를 세상에 알리는 게 저의 사명감이라고 생각합니다. 그것이 제가 종심(從心)을 훨씬 넘긴 나이에 '효와 행복연구소'를 설립한 이유이기도 하고요.

할머니!
지금 밖에는 바람이 불 때마다 봄꽃들이 분분이 날리고 있습니다. 이 밤, 너무나 할머니가 보고 싶습니다.

할미꽃의 슬픈 이야기

한국은행이 발표한 자료에 의하면 한국은 1960년대 초만 해도 '보릿고개'로 표현되는 기아선상에서 헤맸던 나라였다. 일인당 GNI(국민총소득)가 백 달러 수준이었는데, 2019년 기준으로 GNI가 3만 2,115 달러가 되었다. 골드만삭스가 발표한 자료에 따르면, 2050년 한국은 미국에 이어 세계 2위의 부국이 된다고(7위 독일, 8위 일본) 한다. 그러나 지금 우리가 누리고 있는 물질적 풍요와 번영은 우리 선대들의 헌신과 희생이 있었기에 가능했다는 것을 결코 잊어서는 안 된다.

다른 한편으로 2014년 3월 20일 '세계 행복의 날'을 맞아 유엔에서 156개국 행복지수를 조사한 결과 한국은 41위를 기록했다. 경제협력개발기구(OECD)가 34개 회원국을 비교한 지표에선 한국이 산재사망률 1위, 자살률 1위, 저출산율 1위, 국민행복지수 33위라는 어두운 그림자도 보여주고 있다. 이런 통계는 한국이 경제수준과 행복이 함께하지 못하는 나라라는 것을 일깨워주고 있다. 물질이 풍족해질수록 점점 불행해졌다는 말이다.

한 가지 분명한 것은 GNI라는 경제여건이 사람들의 행복을 위한 결정적 요인은 못 된다는 사실이다. 물론 행복에는 물질도 중요하다. 그러나 행복지수란 항상 긍정적이고 감사하게 생각하는 사람은 높지만, 짜증내고 불평하는 사람은 낮다는 사실을 간과해서는 안 된다.

이것은 후손들을 위한 선대들의 피와 땀과 눈물에 감사할 줄 모르고, 타인에 대한 배려보다는 오직 자기만의 끝없는 욕심을 채우기에만 급급한

이기적 행위의 결과이기도 하다.

  내가 지금까지 살아온 길을 뒤돌아봐도 조상의 은덕에 감사한 줄을 모르고 자주 불평과 불만으로 삶을 영위해온 것 같다. 특히 한평생을 온갖 어려움과 고난 속에 살아오신 할머니! 자신보다는 자손들이 더 잘 살아야 된다는 신념으로 자신을 희생하고 헌신하시면서 오늘의 나를 있게 해주신 할머니! 할머니에게 손자의 도리를 다하지 못한 것에 대해 나는 깊은 후회와 함께 회한에 잠길 때가 많다.

  그런 이유에서인지 수많은 꽃 중에서 내가 제일 좋아하는 꽃은 할미꽃이다. 풀 전체가 온통 흰색 털로 덮여 있는 모습이 할머니의 흰 머리칼 같다고 하여 할미꽃이라는 이름이 붙었단다. 할미꽃에는 홀로 된 어머니가 세 딸에게 박대를 받고 죽어 할미꽃이 되었다는 내용의 설화가 전해 온다.

>   옛날에 일찍 홀로 된 어느 어머니가 딸 셋을 키워 시집을 보냈다. 늙은 어머니는 혼자 살아가기가 너무 어려워서 큰딸을 찾아갔더니 처음에는 반기던 딸이 며칠이 안 되어 싫은 기색을 보였다.
>   섭섭해 하면서 둘째 딸의 집에 갔더니 그곳도 역시 마찬가지였다. 셋째 딸의 집에 가서 살겠다고 찾아가고자, 고개 밑에 있는 딸집을 내려다보니, 마침 딸이 문 밖으로 나와 있었다. 어머니는 딸이 먼저 불러주기를 기다렸으나 딸은 어머니를 알아보지 못하고, 그냥 집 안으로 들어가 버렸다.
>   '딸자식 다 쓸데없다.'고 생각한 어머니는 너무나 섭섭한 나머지 고개 위에서 허리를 구부리고 딸을 내려다보던 그 자세대로 죽고 말았다. 그 뒤 어머니가 죽은 곳에는 할미꽃이 피어나게 되었다.

가난과 가부장제도 때문에 억압받고 삶의 고통을 겪어야 했던 한국여성의 한을 잘 보여주는 설화다. 나도 딸들과 같은 환경에 있었다면 똑같은 행동을 하였을 것이라 여기며, 어머니의 모습과 딸의 모습을 나의 할머니와 나의 모습으로 바꾸어 생각해 본다.

최근 서울여대 '사랑의 엽서' 공모전 대상작으로 <어머니>란 글이 뽑혔다. 아직 어린 여대생이 이런 글을 썼다는 것이 믿어지지 않을 정도다. 과거 나의 대학시절을 회상해 보면서 조그만 자취방에서 할머니께 저질렀던 불효의 행동을 떠올려보니, 그 여대생은 나보다 훨씬 효도를 실천한 사람이라 여겨진다. 그 글에서 '어머니'란 말을 '할머니'로 바꾸면 내 마음을 대변하는 글이 될 성싶다.

우리는 가까이에 있고 편하게 대해주는 사람일수록 소홀하게 대하기 쉽다. 또한 영원히 함께 할 줄만 알고 있다. 정말 무엇이 가장 중요한지 잊고 지내는 것들이 너무 많은 듯하다. 너무 큰 은혜와 사랑이기에 당연한 것으로 여기며, 소홀히 대하고 감사하지 못한 우리 자신이 아닌지 생각해 본다. 이제야 할머니께 외쳐본다.

"할머니…, 할머니…, 나의 할머니…, 사랑합니다. 그리고 죄송합니다. 그리고 남은 인생 그 은혜 잊지 않고 가슴속 깊이 간직하면서, 열심히 살아가겠습니다."

밥상머리 교육

서울 소공동 롯데호텔에서 제1639회 인간개발경영자연구회가 열렸다. 연사로 초빙된 전신애 전(前) 미국 노동부 차관보는 "성공은 가정에서부터 시작된다."고 강조하면서, 부시 전 미국대통령의 비서실장인 앤디 카드(Andy Card)와 미국 최초의 여성 대법관 샌드라 데이 오코너(Sandra Day O'Connor)의 사례를 들었다.

"내가 보기에 '성공은 가정교육에서 시작된다'는 말이 꼭 맞는 것 같다. 부시 전 대통령의 비서실장인 앤디 카드와 미국 최초의 여성 대법관 샌드라 데이 오코너가 바로 그 주인공이다.

두 사람은 할머니의 밥상머리 교육을 받으며 자랐다. 카드는 매일 아침 '신문에 뭐가 나왔니?'라는 할머니의 질문에 답하기 위해 신문을 열심히 읽다가 세상에 관심을 갖게 됐고, 마침내 정치에 뛰어들었다.

또한 텍사스 주 엘패소의 가난한 시골소녀였던 오코너는, 손녀의 총명함과 탁월한 능력을 일찍부터 알아차린 할머니의 격려를 받으며 자랐다. 할머니는 틈만 나면 '너는 마음만 먹으면 못 할 일이 없다. 그러니 강한 의지를 가지고 네가 하고 싶은 일을 해 봐라.' 하면서 오코너의 꿈을 자극했다."

사생아로 태어나 따돌림을 받고 엉뚱한 실수나 저지르던 소극적인 아이

레오나르도 다빈치(Leonardo da Vinci)가 집을 나설 때마다 할머니는 이렇게 속삭였다.

"넌 무슨 일이든 해낼 수 있어. 할머니는 너를 믿는다."

할머니는 숨을 거두던 날까지 하루도 그 말을 거른 적이 없었다. 단 한 사람의 인정, 그것이 레오나르도 다빈치를 만들었다.

손자와 손녀는 자신들이 평범하고 부족하다고 느낄지 모르지만, 손자와 손녀를 사랑하는 할머니에게는 모두 소중하고 특별하다. 어린 손자와 손녀는 할머니를 아주 특별한 사람으로 믿고 의지하게 된다. 그리고 어린 손자와 손녀의 믿음과 기대에 어긋나지 않도록 최선을 다해 그들을 보살피고 사랑해줄 줄 아는 할머니들이 계신다.

나에게도 할머니가 계셨다. 그런데 그분은 한 번도 나에게 밥상머리 교육을 하시지는 않았다. 세월이 훌쩍 지나 일흔을 넘긴 나이에야 할머니의 말씀이 하나하나 떠오른다. 그리고 그것이 나에게 훌륭한 밥상머리 교육이었다는 것을 이제야 깨달을 수 있다.

위대한 할머니

어찌하여 '할머니'에 관한 글을 쓰기 시작했는가?

거기에는 까닭이 있습니다. 그것은 나의 할머니를 통해서 여성의 위대함을 알았기 때문입니다. 나의 할머니는 한 많은 일생을 마치셨지만 타고나신 인품과 능력은 탁월하셨습니다. 할머니의 삶이 나에게 미친 영향은 다른 무엇과도 비교할 수 없습니다.

그래서 한국의 모든 여성들을 향하여 감히 "나의 할머님을 본받으십시오."라고 외치고 싶은 마음이 가득하여 글을 쓰기 시작하였고, 내 글이 많은 여성들에게 조금이라도 도움이 되었으면 하는 소원이 있기 때문입니다.

나의 할아버지께서 시골 농토를 잘 지켰다면 우리 식구는 '정신적 고통과 가난'을 겪지는 않았을 것입니다. 우리 할아버지께서 농토를 팔고 광산에도 손을 대면서 집안에 경제적 위기가 닥쳐왔습니다. 논밭을 팔고, 집을 팔아 넣어도 안 되는 광산은 안 됩니다.

'노다지' 꿈에 연연하셨던 할아버지는 집에 안착하지 못하시고 계속 그 '무지개'를 쫓아 헤매셨고, 할머니는 외딴 시골에서 살림을 꾸려나갈 수가 없게 되었습니다. 그 일을 생각하면 오늘도 눈시울이 젖어듭니다.

내가 죽는 날까지 열심히 살려고 노력하는 것은 나의 할머니 때문이라고 해도 과언이 아닙니다.

저녁 끼니를 끓일 쌀이 떨어져서 할머니는 맹물로 허기진 배를 달래면서도, 손자만은 자나 깨나 배가 고프지 않도록 챙겨주셨습니다.

저녁 끼니를 끓일 쌀이 떨어지더라도 내색하지 않으시고 속으로 삭이시는, 그러한 사정을 그때는 전혀 몰랐습니다. 가난하고 어려운 생활이었지만 할머니의 보살핌 덕분에 나는 건강하게 육척 장신으로 자랐습니다. 어려운 생활 속에서도 손자는 꼭 대학을 보내야 한다는 집념, 그래서 오늘의 내가 있습니다.

위대한 할머니

세월이 흘러도 누구에게나 마음속에 그리면서 보고 싶은 사람이 있습니다. 올해는 할머니 돌아가신 지 40주년이 됩니다. 손자를 위한 할머니의 희생이 있었기에 오늘의 내가 있음을 고백합니다.
　우리는 언제나 누군가의 도움의 힘이 있었기에 현재까지 성장해 왔습니다. 앞으로도 누군가로부터 도움을 받으면서 살아갈 것입니다. 할머니께서 지금도 하시고 계실 아래와 같은 기도를 상상하며, 나는 오늘도 주어진 삶을 열심히 살아가고 있습니다.

　　"내 손주, 못 먹고 어려웠던 어린 시절에 너를 어떻게 키웠는지 기억나니? 지금도 그때 생각을 하면 가난에 몸서리가 쳐진다.
　　하지만 너는 집안의 장손이었어. 아파 누워 있는 너를 두고도, 나는 오직 집안의 어른들을 모시고 자식들을 보살펴야 했단다. 일을 하면서도 나의 머릿속은 항상 너를 생각하며 기도했지. '나의 소원으로 우리 손자 훌륭한 사람으로 잘 성장하게 해 주십시오.' 오늘도 할머니는 너를 위해 땅속에서도 기도를 하고 있단다."

　일본 소설가 이츠키 히로유키(五木寛之)가 쓴 <타력(他力)>이라는 소설에 다음과 같은 내용이 나옵니다.

　　"타력이란 눈에 보이지 않는 나 이외의 뭔가 커다란 힘이 내 삶의 방식을 떠받치고 있다는 사고방식입니다. 나 이외의 타자가 나라는 존재를 떠받치고 있다고, 겸허하게 받아들이는 것이 중요합니다.
　　바꿔 말하면 타력이란 눈에 보이지 않는 우주의 커다란 힘이라고 해도 좋습니다. 커다란 에너지가 보이지 않는 바람처럼 흐르고 있다고 느끼는 것입니다. 자기 혼자 힘으로 했다는 생각은 얕은 생각으로, 그 밖에 보이지 않는 커다란 힘이 내 운명과 관계되어 있습니다."

우리는 자기를 가장 소중하게 여기는 사람이 옆에 있을 땐, 항상 그 자리에 있을 줄 알고 그 소중함을 알지 못하고 지나칩니다. 자기에게 사랑을 베풀어주고 소중하게 여기며 키워준 사람이 어느 날 갑자기 없어졌을 때에야, 그 빈자리가 너무 크고 그립기에 더욱 더 애절한 것입니다. 소중한 사람이 옆에 있을 때는 나중에 잘 해드려야겠다고 생각하지만, 그건 쉬운 일이 아닌 게 인간사입니다.

세월이 흘러 갈수록 할머니의 빈자리가 크게 다가오며 그리움만 쌓여갑니다. 이제야 주위에서 어른께 효도를 하고 있는 친구들을 보면 너무 부럽습니다. 할머니 살아계실 때 왜 그렇게 못된 행동을 하였을까 후회도 합니다. 그러나 다시 시간을 되돌린다 하여도 다르게 행동했으리라고 자신할 수 없기에, 지금 후회해 보아야 어쩔 수 없다는 것도 잘 알고 있습니다.

일본 소설가 이츠키 히로유키가 말한 대로, 내가 오늘날까지 훌륭하게 성장해온 배경을, 나의 힘만이 아닌 타력의 힘, 즉 눈에 보이지 않는 할머니의 보살핌의 힘으로 돌리고 싶습니다.

할머니! 저 하늘나라에서도 항상 염려해 주시고 보살펴 주심에 감사드립니다. 할머니께서 도와주시고 보살펴 주시는 힘으로 할머니 몫까지 남은 인생 열심히 살아가겠습니다.

할머니의 무한한 은혜

어제가 파릇파릇한 10대였던 것 같은데 세월이 유수같이 흘러 내 나이 어느덧 70대 중반이 되었습니다. 뒤돌아보면 20대부터 잘못된 목표를 설정하여 도전하면서 긴장되고 압박받는 생활만 해온 것 같습니다.

나이를 말할 때 공자의 『논어』 위정편(爲政編)을 예로 드는 경우가 많습니다. 15세는 학문에 뜻을 둔다 하여 지학(志學), 20세는 비교적 젊은 나이라 하여 약관(弱冠), 30세는 뜻을 세우는 나이라 하여 이립(而立), 40세는 사물의 이치를 터득하고 세상일에 흔들리지 않을 나이라 하여 불혹(不惑), 50세는 하늘의 뜻을 안다 하여 지천명(知天命), 60세는 천지만물의 이치를 통달하고 듣는 대로 모두 이해한다 하여 이순(耳順)이라고 부릅니다.

그러면 70은 무엇이라고 부를까요? 70은 흔히 고희(古稀)라고 부르는데 이는 당나라 시인 두보(杜甫)의 곡강시(曲江詩) 중 "사람이 70까지 사는 것은 예부터 드물었다(人生七十古來稀)."라는 구절에서 유래된 말입니다. 그러나 논어에서는 나이 70을 '하고 싶은 대로 하여도 법도를 어기지 않는다.'고 하여, '종심소욕불유구(從心所慾不踰矩)'라고 합니다. 이를 줄여 종심(從心)이라고 부릅니다.

다시 말해 공자가 "나이 일흔에 마음이 하고자 하는 대로 하여도 법도를 넘어 서거나, 어긋나지 않았다(七十而從心所欲不踰矩)."고 한 데서 유래합니다.

짧다면 짧고, 길다고 하면 긴 인생길에서, 일흔을 넘기니 지나온 인생길을 뒤돌아보게 됩니다. 특히 올해 내 나이 일흔네 살은 할머니가 돌아가신 나이이기도 합니다. 그동안 수많은 일이 생기고 실패와 성공도 겪었지만 지금 와 생각해보니, 인간의 가장 근본인 효를 할머니께 실천하지 못한 것이 천추의 한으로 남습니다. 지금의 후회의 심정을 20대에도 알았더라면, 나의 인생은 지금과는 전혀 다르게 전개되었으리라 생각합니다. 요즘은 장수사회인 100세시대가 되었으니, 할머니 돌아가실 때의 74세는 최근 UN이 정한 기준으로는 장년에 불과합니다.

사람은 나이가 먹을수록 마음을 터놓고 대화할 절친한 친구가 있어야 합니다. 그러나 나와 같은 방광암 수술을 받은 후 동병상련의 마음으로 절친하게 지내온 고등학교 때의 친구가, 1년 전에 홀연히 세상을 등진 후 나의 마음은 공허하기만 합니다.

제가 초등학교 다녔던 1950년대는 6.25가 끝난 지 얼마 후라 국민의 생활은 매우 어려웠습니다. 내가 살던 고향 구례의 작은 마을에서 십리나 떨어진 초등학교에 다닐 때입니다. 할머니는 아침 일찍 손자에게 따뜻한 밥을 먹이기 위해, 아궁이에 불을 지펴 김이 모락모락 나는 밥과 손수 담그신 된장으로 시래기 된장국을 끓여 주셨습니다.

엊그제 같은 그때가 지금 생각하니 나의 인생에서 가장 행복했던 시절이었습니다. 그 지극정성 덕분으로 현재도 방광암 수술 후 인공요루까지 착용했지만, 건강하게 살아가는 듯합니다. 여섯 가구밖에 안 되는 외딴 마을에서 초겨울 해가 빨리 지거나 갑자기 비가 올 때는, 학교에서 돌아오는 손자가 걱정이 되어 마을 입구에서 기다리시던 할머니 모습이, 꼭 어제 같습니다. 특히 할아버지는 학자 체질이고 풍류를 좋아하셔서 농사일을 열심히 하시지 않은 편이라, 건강하시지도 않은 몸으로 넓은 논밭에서 일하시던 할머니의 모습이 생생합니다.

아침 일찍 일어나 손자를 위해 앞마당의 우물에서 길러온 정화수를 떠 놓고 빌던 모습이 오늘의 나를 있게 해주신 할머님의 지극정성 같습니다. 조부모님과 부모님이 모두 일흔 이상은 사신 덕택으로 조상의 DNA를 받아 어려운 고비를 넘기면서도 일흔을 넘기며 살아온 것 같습니다. 지금 정상인같이 생활할 수 있는 것도, 모두 할머니께서 잘 챙겨 먹이고 보살펴 주신 덕분이라 생각합니다.

할머님의 깊은 은혜에 대한 생각이, 날이 가면 갈수록 더욱 생생하게 떠오르고 눈앞에 아른거립니다.

내일모레면 우리 민족의 큰 명절 설날입니다. 할머니께 행한 불효에 대한 가책이, 설날을 앞두고 더욱 마음을 아프게 합니다.

보이지 않는 도움

나는 지금까지 내가 열심히 노력하면 어느 정도 목표를 달성할 거라는 믿음으로 살아 왔습니다. 그러나 일흔을 넘긴 나이에 지나온 길을 돌이켜 보니, 눈에 보이지 않는 나 이외의 커다란 힘이 내 삶을 떠받치고 있다는 생각이 들었습니다. 내가 아무리 노력해도 결국 최종 결과는 보이지 않는 힘이 '나'라는 존재를 떠받치고 있다는 생각이 들면서 겸허하게 결과를 받아들이게 되었습니다.

달리 말하면 보이지 않는 힘이란 눈에 보이지 않는 우주의 커다란 힘이라고 해도 좋고, 돌아가신 조상의 은덕이라고 해도 좋습니다. 커다란 에너지와 보이지 않는 어떤 힘이 항상 내 마음속에 흐르고 있다고 느끼는 것입니다. 자기 혼자만의 노력으로 목표를 달성했다는 생각보다는, 눈에 보이지 않는 커다란 힘이 내 운명과 관계되어 있다고 생각합니다.

매일 밤 취침 전 거르지 않고 침대에서 행하는 나만의 습관이 있습니다. '오늘 하루를 무사히 보낸 것에 대해 감사드리며, 내일도 무사히 보내게 해 주십시오.' 하고 빌며 취침에 들어갑니다. 왜냐하면 내일은 또 어떤 보이지 않는 힘이 나를 인도해 주시리라 믿기 때문입니다. 나는 이럴 때마다 돌아가신 할머니께서 도와주시는, 보이지 않는 힘과 신의 가호가 있으리라 믿으며 살아가고 있습니다.

나의 할머니는 한국의 역사에서 가장 암울한 시대를 살아오신 분입니다. 1907년생이시니 일제의 조선 병합이 거의 완료되어 가던 암울한 시기였습니다. 이 나라의 첫 황제인 고종이 일제에 의해 강제로 폐위되고, 그의 아들 순종이 즉위하던 때였습니다. 그야말로 숨소리도 죽이던 때였습니다. 해방 후에는 곧 6.25가 발생하고 지리산에 공비가 출몰하던 상황에서 수많은 고초를 겪으셨습니다.

1960~70년대에는 어려운 경제 상황 속에서 제대로 자신의 몸 한 번 살펴보시지도 못하고, 1980년에 간암으로 돌아가셨습니다. 아마도 영양 부족이 간암을 초래했으리라고 믿습니다. 어려운 살림 속에서 조금이라도 맛있는 게 있으면 시부모, 남편, 아들과 딸, 손자와 손녀 돌보시느라, 본인 챙길 틈은 전혀 없었으리라는 것은 짐작하고도 남습니다.

이제야 인생을 좀 알고 철이 들어 생각해보니 심신이 얼마나 고달프셨을까 하는 것을 조금이나마 알 수 있을 듯합니다. 내가 이만큼이나 성장하고 존재할 수 있다는 것은, 할머님의 희생과 도움 때문이라는 걸 이제야 깨우치고 있습니다. 그래서 할머니께서 못다 살고가신 인생 몫까지 내가 더욱 더 열심히 살려고 노력하고 있으며, 항상 할머니의 보이지 않는 힘이 도와주신다는 걸 느끼며 살아가고 있습니다.

할머니, 정말 고맙습니다. 남은 인생도 열심히 살아가겠습니다. 돌아가신 후에도 항상 보이지 않는 힘으로 옆에서 도와주시고 계심에 감사드립니다.

손맛

세월이 유수와 같습니다.

어린아이 시절이 엊그제 같은데, 벌써 칠순의 중반을 향해 달려가고 있습니다. 나는 초등학교 시절을 할머니 집에서 다녔는데, 할머니께서 돌아가신 지도 벌써 40년이 지났습니다.

할머니(李一孝, 1907~1980)께서 돌아가신 후 나는 바로 미국 유학을 떠났습니다. 박사학위를 취득한 다음 귀국하여 대한적십자사에서 직장생활을 했는데, 20여 개국 이상 해외 출장을 다니면서도 건강상 큰 문제가 없었습니다.

그런데 대한적십자사에 근무하던 18년 전, 꿈에 나오신 할머니께서 병원에 가보라는 계시를 주셔서 암을 발견하게 되었습니다. 암 수술을 받은 다음 인공요루를 착용한 장애4급이 되었지만, 대한적십자사에서 정년까지 근무한 후 퇴직할 수 있었습니다. 이 모든 것을 곰곰이 생각해 보니, 어릴 적 할머니의 지극한 보살핌의 연장이었다고 생각합니다.

정년퇴직 후 다양한 계층을 상대로 자주 강연을 했습니다. 수많은 나라를 여행한 경험담을 이야기해주면 청중들 중 어떤 분은 내가 여행한 나라 중 어느 나라 음식이 제일 맛있었느냐고 물어볼 때도 있었습니다. 아마 그러한 질문을 하신 분은 프랑스 요리나 중국 요리라는 대답이 나오리라 기대했을 것입니다.

그러나 나는 가장 맛있는 요리는, 내가 어릴 적 할머니께서 정성스러운 마음과 할머니만의 손맛으로 끓여주신 뚝배기에 담긴 시래기 된장국이라고 대답해 주었습니다. 할머니께서 투박한 뚝배기에 말린 무의 잎과 줄기를 넣어서 끓여주신 시래기 된장국이 이 세상에서 제일 맛있다고 말해 주곤 했습니다.

내가 초등학교 다녔던 1950년대는 6.25 전쟁을 치른 후라 온 나라가 매우 가난한 시대였고, 할머니와 함께 살던 농촌은 손수 가꾼 농작물로 모든 것을 자급자족하던 때였습니다.

할머니께서 직접 재배하신 콩으로 손수 만드신 된장을 풀어 넣고, 밭에서 직접 수확한 시래기와 호박, 감자며 파를 뚝배기에 썰어 넣고 끓여 주시던 시래기 된장국은 지금까지 먹어본 수많은 종류의 진수성찬과는 비교가 되지 않습니다.

그 이유를 곰곰이 생각하니 할머니가 가장 아끼고 사랑하는 어린 손자가 맛있게 먹기를 바라는 음식이었기에, 뚝배기에 시래기 된장국을 끓이시면서 할머님의 온갖 정성과 손맛이 된장국 속에 가득 녹아 있었기 때문이리라 생각합니다.

이렇게 나이가 먹어 갈수록 그리워지는 게 할머니의 손맛입니다. 살아계실 때 한 번도 그 은혜와 정성에 보답해드린 적이 없었지만, 이렇게 비가 부슬부슬 내리는 밤에는 더욱 더 할머니와 할머니의 손맛이 그리워집니다.

할머니의 손맛은 식재료가 부족하고 반찬이 적은 것이 문제가 되지 않았습니다. 여름에는 앞마당 우물에서 떠온 시원한 물에 쌀이 드문드문 섞인 보리밥을 말아, 텃밭에서 따온 풋고추를 된장에 찍어 먹어도, 밥 한 그릇을 뚝딱 비울 수 있었습니다.

요즘같이 풍요로운 조미료가 없던 시절이었지만, 수확한 참깨를 짜서 만든 참기름 몇 방울을 떨어뜨린 간장에 파를 잘게 썰어 넣고 고춧가루를 섞은 후 밥을 비벼 먹거나, 텃밭에서 따온 상추에 된장을 얹어 싸먹은 상추쌈은 지금도 잊을 수 없는 맛입니다. 거기에 텃밭에서 따온 들깻잎이나 고춧잎과 고추, 오이 등을 된장 밑에 넣어 오랫동안 절인 후 나온 각종 장아찌들은 사철 밥상에서 떠나지 않던 밑반찬이었습니다.

또한 앞마당에서 직접 모이를 주시면서 키운 암탉이 낳은 달걀을 파와 참기름을 섞어 뚝배기에 찐 달걀찜과 함께 막 뜸들인 뜨거운 밥에 생달걀을 넣고 간장과 참기름으로 비벼 주시던 그 맛, 어느 요리와도 비교할 수 없는 할머니의 손맛이었습니다.

또한 여름이 되면 앞마당에서 손수 키우신 닭을 잡아 장작불에 푹 고아 삼계탕을 해주시면, 무더위에도 힘이 저절로 났지요. 특히 올해 같이 푹푹 찌는 여름날이면 더욱 더 할머니의 삼계탕 맛이 떠오릅니다. 그래서 지금은 비록 장애인이 되었지만, 그러한 할머니의 정성스러운 손맛과 보살핌 때문에 건강하게 생활하고 있습니다.

날이 갈수록 직접 기르고 수확한 곡식과 채소로 만든 반찬과 음식들로 맛보던 할머니의 손맛이 더욱 그리워지는 요즘입니다.

누구나 마음속 깊이 간직하고 있을 소중한 사람이 사라져야, 그 소중한 사람의 존재 가치를 늦게나마 아는 것 같습니다. 소중한 사람이 자기의 곁을 떠난 후 후회하기 전에 살아계실 때에 관심을 갖고 효도를 해야 하는데도 말입니다. 이제 후회한들 무슨 소용이 있겠습니까? 나에게 가장 소중한 할머니는 이미 이 세상에 안 계십니다.

외면만을 중시하며, 나의 행복에만 눈이 어두워 살아온 세월이었습니다. 나의 이성과 양심의 소리에 귀를 막고, 자기를 가장 사랑해준 할머니에 대한 은혜를 망각하며 삶의 조화와 균형을 잃고 살았기에 지나온 세월은 과오와 실패의 연속이었다고 생각합니다.

그래서 지나온 인생을 뼈저리게 후회하는 나의 마음을 가장 잘 나타내주기에, 나는 김영일 작사, 이재호 작곡인 <불효자는 웁니다>란 노래의 제목에서 '불효자'를 '불효손자'로 바꾸어 부르기를 좋아합니다.

내가 이 노래를 좋아하기 시작한 것은 할머니께서 돌아가신 후부터입니다. 이 노래는 할머니의 손자에 대한 조건 없는 사랑과 무한한 가족애, 할머니에 대한 불효의 생각을 느낄 수 있기 때문입니다. 또한 일이 잘 안 풀리면 자신의 판단 부족과 노력이 모자란다고 생각지 않고 주위 환경만 탓하며 살다가 할머니께서 돌아가신 후에야 뉘우치고 한탄하는 손자의 마음을 잘 표현해주기 때문입니다.

세월은 쏜살같이 흘러 자기를 가장 사랑해주시던 분은 기다려주지 않기에, 살아 계실 때 효를 행하여야 돌아가신 후에도 후회가 없다는 걸 일깨워주는 노래입니다. 늦게 결혼하여 자식을 키우면서 인생의 여러 풍상과 고난을 겪은 후에야 비로소 할머니에 대한 불효를 뉘우치게 하는 노래이기도 합니다. 오늘도 혼자 이 노래를 흥얼거리며 돌아가신 할머니를 생각하니 두 눈에서 눈물이 흐르며, 남은 인생은 더욱 더 열심히 살아야겠다는 다짐을 해 봅니다.

손자인 나에게 무한한 꿈과 희망을 가지셨던 할머니는 가셨지만, 할머니께서 살아 계실 때 손자와 함께 살아가시고 싶어 했던 세상을, 이제 내가 할머니 몫까지 열심히 살아가야 할 처지가 되었습니다. 지금은 이미 이 세상에 계시지 않는 할머니를 기억하며 사죄하는 마음으로, 외형보다는 내면에 치중하는 삶을 살아야겠다고 매일매일 다짐하고 있습니다.

효도가 나날이 퇴색되어 가는 이 시대에, 행복은 멀리 있는 게 아니라 가장 가까운 우리 주위에 있다는 것과, 현재 자신을 있게 해주신 분이 가장 소중한 사람이라는 것을 알려주고 싶습니다. 그래서 '효와 행복연구소'를 설립하여 여러 사람들에게 행복은 멀리 있는 게 아니라 효를 행하면 행복해진다는 진리를 강의하면서 칼럼를 쓰고 있습니다. 또한 생활이 어려운 가운데서도 효를 실천하는 아이들에게 도움을 주고자 '효경장학회'를 만들고자 합니다.

이제부터는 갈수록 무뎌지는 몸과 마음의 건강을 가다듬으면서, 주위의 어려운 사람들에게도 깊은 관심을 가져 보려고 합니다. 맑은 공기와 따스한 햇살의 소중함, 매일매일 살아 있다는 고마움, 가족을 비롯한 주위 사람들에게서 행복을 느끼는 삶을 살아보려고 합니다. 무엇보다도 내 마음의 깊은 내면의 소리에 관심을 갖고, 나의 몸과 마음이 원하는 바를 찾아보는 삶을 살아보고자 합니다.

그러면서 주위 사람들에게 "당신은 지금 효를 행할 사람이 주위에 있습니까?" "당신은 지금 효를 행하고 있습니까?"라고 물어보며, 모든 사람들이 지혜롭고 행복한 인생을 살아가도록 안내 역할을 해주는 한 알의 밀알이 되는 삶을 살아가고 싶습니다. 이게 인간으로서 마땅히 행하여야 할 효의 정신이고, 너와 내가 서로 존중하며 함께 잘 살아 보자는 인도(人道)의 정신이라고 생각합니다.

나의 수호신

항상 옆에 계실 줄만 알았던 할머니는 이미 오래전 하늘나라로 가셨습니다. 마지막으로 저에게 남기신 선물은 서른이 넘은 노총각인 손자의 배필을 찾아주시고자 규수(閨秀)들의 인적사항이 적힌 종이와 손가락에 끼고 계시던 한 돈의 금반지였습니다.
그리고 쓰지 않고 아껴두신 깨끗한 담요 1장.

그렇게 갑자기 가실 줄 몰랐는데, 산전수전 다 겪으시며 살아오신 할머니는 간암으로 신음하시다 누구의 따뜻한 보살핌도 없이 한(恨)많은 이 세상을 떠나셨습니다. 삶에 너무나 미련이 많으실 텐데도 희망을 걸 만한 것들이 모두 없어져서, '이제 죽어야지 살아온 게 지옥 같다.'고 하시면서 조그만 골방에서 고통 속에 가셨습니다.

'서울의 네 집에서 죽고 싶다.'는 마지막 소원도 못 들어 드렸습니다. 생전에 절에 다니시면서, 부처님 앞에서 손자가 훌륭한 사람이 되라고 정성스럽게 빌던 모습을 보았기에, 절에 가면 할머님의 생전 모습이 더욱 생생하게 떠오릅니다.
몸이 좋아지면 웃고, 노래도 부르고 싶다고 하신 말씀 지금도 귀에 생생합니다. 일평생을 손자 잘 되기 위해 모진 고통의 삶을 감내하셨지만, 따뜻한 밥상 한 번 차려드리지 못하고, 용돈 한 번 못 드린 것이 지금도 한(恨)

에 사무칩니다.

　군복무 중일 때 손수 붓글씨로 써서 보내주신 장문의 서신에서, '이제는 힘이 없는 할머니는 더 이상 너에게 해줄 것이 없구나.' 하시던 말씀에도 철없는 손자는 그 깊은 의미도 모르고, 일생동안 받기만 했습니다.
　한 번도 할머니 처지를 생각해본 적이 없었으니, 지금도 한(恨)이 되고 후회스럽습니다.
　이제야 후회합니다. "고맙습니다! 감사합니다! 사랑합니다! 죄송합니다!"라는 고백이나 표현은 바로 그 당시에 했어야 했다는 것을. 사람의 앞날이란 전혀 알 수 없기에, 그렇게 말할 기회를 영영 놓칠 수 있기 때문입니다.

　벌써 이 세상 떠나신 지가 40년이 넘었는데도, 그때가 엊그저께 같습니다. 돌아가시기 며칠 전 뼈밖에 안 남은 할머니를 등에 업고, 마지막 가족사진 찍으러 갈 때가 기억납니다. 간암으로 아픈 가슴의 통증에도 손자의 마음에 짐을 지우지 않으시려고, '나는 괜찮다.'고 하신 깊은 마음, 이제서야 알 것 같습니다.
　손자가 서울에서 자취를 할 때도 할머니가 굶으시는 줄 몰랐습니다, 물로 허기진 배를 채울 때도 물 마시는 소리가 시끄럽다고 짜증을 냈습니다. 손자만은 배불리 먹이시기 위하여 옆집에서 된장을 얻어다가 버린 배추를 말려서 끓여주신, 그 된장국 맛, 잊을 수가 없습니다.
　할머니의 정성스런 마음이 깃들었기 때문에, 세계 어느 음식보다도 맛있었습니다. 좋은 양념과 고기는 안 들어갔더라도 할머님의 정성이 듬뿍 들어간 그 된장국을 이제는 영원히 맛볼 수가 없군요.

　돌아가시기 며칠 전, '네 집에서 죽고 싶다.'고 말씀하시는데도, 집이 없어 마지막 소원도 못 들어 드리고, 그 사무친 한 때문인지 집에 대한 소유욕이 이렇게 강한가 봅니다.

돌아가시기 며칠 전 조그만 골방에서 신음하시며 누워계실 때 나는 옆방에서 자고 있었지요. 갑자기 "영기야! 영기야!" 하고 부르시는 할머니의 소리가 신음 소리와 함께 들렸지만, 나는 피곤하다는 핑계로 가지도 않고 계속 잤지요.

그때 옆방으로 건너가 할머니의 손을 꼭 잡고, 어린 시절의 이야기를 하며 마지막이 되었을 하룻밤을 같이 보냈더라면 얼마나 좋았을까요? 지금 후회한들 소용없는, 언제나 가슴에 남는 천추의 한이 되고 말았습니다.

지금도 할머니께서 마지막 손에 끼고 계시던 반지는, 항상 저의 손가락에 있습니다. 할머니를 묘지에 묻은 다음날부터, 광주(光州)는 5.18 광주민주화운동으로 주위의 모든 길이 막혔습니다. 하루만 늦었으면 매장도 어려웠을 터이니 모든 게 부처님의 가호인 것 같습니다.

지금도 항상 저의 뇌리에서 떠난 적이 없는 할머니 모습을 이제는 영영 볼 수 없습니다. 외국 출장 때 좋은 선물을 사고 싶어도 정말로 드리고 싶은 사람이 없어 사기를 망설인 때가 한두 번이 아닙니다. 좋은 음식을 볼 때도 지금 하루만이라도 살아계신다면 이 음식을 할머니께 드리면 얼마나 좋을까 하고 생각한 적이 많았습니다.

할머님!
그렇게 애지중지 키우신 손자도 세월이 흘러 벌써 일흔이 넘었습니다. 인생은 찰나(刹那)라고, 할머님의 어린 손자도 죽음에 대하여 생각할 나이가 됐나 봅니다. 10시간이 넘는 두 번의 암 수술을 받으며 죽을 고비를 넘기고 이제는 장애인이 되었습니다. 이제야 할머니의 깊은 마음과 사랑을 알 것 같습니다. 그러나 할머니는 이 세상에 안 계십니다!

할머님!
지금도 하늘나라에서 항상 손자를 걱정해주시고 수호해 주시는 할머님! 이제 하늘나라에서는 모든 근심과 걱정 놓으시고, 마음 편히 계시면서 즐거운 여행도 하시고 노래도 부르시면서 웃음의 나날 보내시길 비옵나이다.

할머님!
언젠가 저도 하늘나라에 가면 그땐 서로의 처지를 바꾸어 할머님께서 베푸신 사랑과 정성을 조금이나마 되돌려 드리고 싶습니다. 온갖 모질고 거센 세상의 어려움을 극복하고 나의 마음이 흔들림 없이 목표를 향해 정진하게 해준 힘은 항상 저를 수호해 주시는 할머님의 보이지 않는 가호와 음덕 덕분이었습니다.

할머님!
고맙습니다! 감사합니다! 오늘의 저를 있게 해주신 은혜 무엇으로 갚을 수 있을까요. 할머님 몫까지 열심히 살겠습니다! 물질 만능으로 효(孝)가 잊혀져 가는 현실이지만, 효를 실천하면 행복하고 성공한다는 것이 제가 터득한 진리입니다. 후세들에게 제가 죽을 때까지 알려주고자 합니다. 부디 부처님의 가호로 극락왕생하시길 비옵나이다.

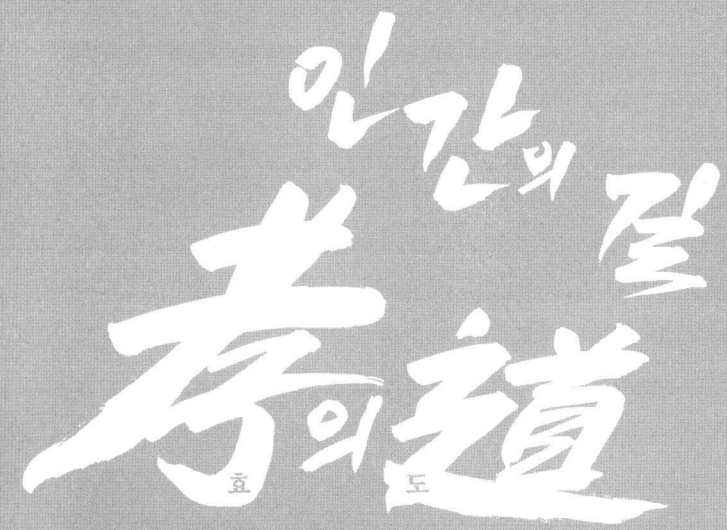

5장 나의 소명

할머니의 사랑

　할머니의 '사랑'이란 두 글자는 늘 내 마음을 설레게 하고 회한에 잠기게 한다. 만날 수 있는 사랑이 있는가 하면 만날 수 없는 사랑도 있다. 마음에 간직하기만 하고 만날 수 없는 사랑이라고 해서 슬픈 것만은 아니다. 생각날 땐 언제나 어디서나 꺼내서 돌이켜 볼 수 있는 사랑이기에, 할머니 생전의 여러 모습을 생각하면 나는 마냥 행복해진다. 내가 힘들 땐 마음으로 응원해 주시고, 내가 슬플 땐 말없이 위로해 주시고, 내가 아플 땐 살며시 다가와 손을 잡아주시며 그 아픔 함께해주신 할머니!

꿈을 이루는 데 너무 늦은 나이는 없다

인간의 수명이 얼마나 되는가 하는 논의는 예로부터 있어 왔다. 성경에는 수명이 120세로 나온다(창세기 6장 3절). 현대 의학자들도 비슷하게 125세까지로 보고 있는 것 같다. 선가에서는 솔잎이나 송홧가루만 먹고 살았다는 선인들의 이야기도 나오고, 삼천갑자 동방삭 이야기도 있다. 그러나 이러한 육체적 연령보다도 더 중요한 것이 정신적인 나이일 성싶다.

"노병은 사라지지 않는다."는 유명한 말을 남긴 맥아더 장군이 평소에 애송하던 시가 있다. 그는 사람들을 만나면 이 시를 읽어주곤 했다고 한다. 유대계 미국 시인인 사무엘 울만(Samuel Ulman)이 일흔을 넘긴 나이에 쓴 <청춘(Youth)>이란 제목의 시다.

> 청춘이란 인생의 어떤 한 시기가 아니라
> 마음가짐을 뜻하나니
> 장밋빛 볼, 붉은 입술, 부드러운 무릎이 아니라
> 풍부한 상상력과 왕성한 감수성과 의지력
> 그리고 인생의 깊은 샘에서 솟아나는
> 신선함을 뜻하나니
>
> 청춘이란 두려움을 물리치는 용기
> 안이함을 뿌리치는 모험심

그 탁월한 정신력을 뜻하나니
때로는 스무 살 청년보다
예순 살 노인이 더 청춘일 수 있네
누구나 세월만으로 늙어가지 않고
이상을 잃어버릴 때 늙어가나니

세월은 피부의 주름을 늘리지만
열정을 가진 마음을 시들게 하진 못하지
근심과 두려움 자신감을 잃는 것이
우리 기백을 죽이고 마음을 시들게 하네

그대가 젊어 있는 한
예순이건 열여섯이건 가슴속에는
경이로움을 향한 동경과
아이처럼 왕성한 탐구심과
인생에서 기쁨을 얻고자하는
열망이 있는 법

그대와 나의 가슴속에는
이심전심의 안테나가 있어
사람들과 신으로부터 아름다움과 희망
기쁨, 용기, 힘의 영감을 받는 한
언제까지나 청춘일 수 있네

영감이 끊기고

정신이 냉소의 눈에 덮이고
비탄의 얼음에 갇힐 때
그대는 스무 살이라도 늙은이가 되네
그러나 머리를 높이 들고
희망의 물결을 붙잡는 한
그대는 여든 살이라도
늘 푸른 청춘이네

나이가 많아도 희망과 열정으로 젊게 살아가는 젊은이가 있는가 하면 나이가 어려도 희망과 열정이 없이 늙은이로 살아가는 사람들이 많이 있다. 정말 건강하게 나이 드는 방법은 희망과 열정을 잊지 말고 살아가는 것이다.

97세로 타계한 세계적인 경영학자 피터 드러커(Peter Drucker)는 타계 직전까지 강연과 집필을 계속했다. 페루의 민속사를 읽고 있으면서, 아직도 공부하시냐고 묻는 젊은이들에게, "인간은 호기심을 잃는 순간 늙는다."는 유명한 말을 남겼다.

1973년에 98세를 일기로 타계한 금세기 최고의 첼리스트 파블로 카잘스(Pablo Casals)는 95세 때 UN에서 조국 카탈루냐의 민요인 <새의 노래>를 연주하고, 평화에 대한 연설을 하여 세계인들을 감격케 했다.

이들보다 나이는 적지만 세계 제일이라는 테너 플라시도 도밍고(Placido Domingo)도 '이제 쉴 때가 되지 않았느냐?'는 질문에, "쉬면 늙는다(If I rest, I rust)."라며 "바쁜 마음(busy mind)이야말로 건강한 마음(healthy mind)"이라며 젊음을 과시했다.

이들의 공통점은 젊은이보다 더 젊은 꿈과 열정을 가지고 살았다는 것

행복

세월이 흘러도 더 보고 싶은 사람,
바로 할머니입니다.
매일 생각나는 할머니를
항상 마음속에 간직할 수 있어 행복합니다.

이다. 정신과 의사들은 이렇게 말한다.

"마음이 청춘이면 몸도 청춘이 된다. '이 나이에 무슨?'이라는 소극적인 생각은 절대 금물이다. 노령에도 뇌세포는 증식한다. 죽을 때까지 공부하라."

지금 6~70대 중에 힘이 달려서 일을 하지 못하는 사람은 별로 없을 것이다. 나이가 들어서 할 일이 없으면 우울증이 오지만, 일이 있으면 수입을 떠나 행복하고 활기차게 살 수 있다. 지금 인류의 수명시계가 과거 30년쯤 일하고 적당한 노후생활을 즐기던 때와 달리 30년쯤 일하고도 2~30년은 더 일할 수 있도록 바뀌고 있다.

고령사회가 아니라 장수사회로 두 번의 인생을 살아야 하는 전대미문의 시대가 되었다. 그러니 나이가 든다는 것에 대한 전혀 다른 생각과 전략이 요구된다. 요즘 사회적 문제인 저출산으로 인한 생산인구의 감소에 대한 대안을 고령자 활용에서 찾는 발상의 전환도 필요하다.

우리 스스로도 고령자는 늙고 힘없는 사람이라는 고정관념에서 벗어나, 두 번의 인생을 잘 살 수 있는 방법을 전혀 새로운 관점에서 궁리해야 할 때다. 나이 든다는 게 사회적으로든 개인적으로든 죄와 벌이 안 되도록 두 번째 인생을 제대로 활용하지 못하면 개인이나 사회나 장수사회는 재앙이 될 수 있다.

확실히 '늙음'은 나이보다도 마음의 문제인 것 같다. 물론 생사는 우리 마음대로 할 수 있는 것이 아니다. 그러나 일할 수 있고 다른 사람에게 도움을 줄 수 있을 때까지 살 수 있다면 감사한 인생이 되지 않겠는가.

항상 젊은 마음을 가지고 끊임없이 새로운 일에 도전하면서 바쁘게 사는 것이 젊음과 장수의 비결인 것 같다. 중요한 것은 나이가 아니라 어떠한 마음가짐으로 무엇을 위해 어떻게 사느냐 하는 것이다. 100세 시대에 80은 중년일 뿐이다. 마음이 청춘이고 열정이 있으면서 효와 인도의 정신이 있다면 꿈을 이루는 데 너무 늦은 나이는 없다.

안창호 선생의 웃는 얼굴

　요즘 우리 사회는 웃음을 잃어가고 있는 듯합니다. 이럴 때는 지금보다 훨씬 힘들고 어려웠을 일제 압제 하에서도 늘 빙그레 웃는 얼굴로 사람들을 대하였던 도산(島山) 안창호(安昌浩) 선생이 그리워집니다.
　도산은 우리 민족이 상호간에 질시와 증오가 많고, 서로 사랑하고 공경하는 온화한 기색이 부족함을 늘 한탄하였습니다. 그래서 "서로 사랑하는 훈훈한 마음으로 빙그레 웃는 세상을 만들자."는 '미소운동'을 펼치면서, "우리 2천만 민족이 모두 이 미소를 입 언저리, 눈시울에 띠게 되면 우리나라는 태평하고 창성하게 될 것이오."라고 말했습니다.

　도산이 말하는 우리 민족의 미소는 근심도 없고 설움도 없으며, 가책이나 혼탁이 없는 양심에서 우러나오는 웃음이었습니다. 춘원(春園) 이광수(李光洙)는 도산의 '미소운동'에 대해 이렇게 설명했습니다.

> "도산은 우리나라를 사랑의 나라, 미소의 나라로 만들고 싶어 하였습니다. 그래서 자신이 먼저 사랑과 미소를 공부하고 또 동지들에게 사랑과 미소 공부를 권면하였습니다. '훈훈한 마음, 빙그레 웃는 얼굴'은 도산이 그리는 새 민족의 모습이었으며, 100년이 되거나 1000년이 되더라도 이 모습을 완성하자는 것이 도산의 민족운동에 대한 이상이었습니다."

랍비인 S. R 허시는 '미소'에 대해 아래와 같이 말합니다.

"비용이 들지 않지만 많은 것을 줍니다. 주는 이가 가난하게 되지 않으면서도, 받는 이를 풍요롭게 합니다. 잠깐이지만 그에 대한 기억은 때로 영원합니다. 아무리 부자라도 이것이 필요 없는 사람은 없고, 아무리 가난해도 이것을 못할 만큼 가난한 사람은 없습니다.

가정엔 행복을 더해주고, 사업에는 촉진제가 되고, 친구 간엔 우정을 돈독하게 만듭니다. 피곤한 자에겐 휴식이 되고, 좌절한 자에겐 용기를 주며, 슬퍼하는 자에겐 위로가 되고, 번민하는 자에겐 자연의 해독제가 됩니다. 돈을 주고 살 수도 없으며, 빌릴 수도 없고 훔칠 수도 없습니다."

『어린왕자』의 작가 생텍쥐페리(Antoine de Saint-Exupéry)의 이야기도 있습니다. 생텍쥐페리가 전투 중에 포로로 붙잡혔을 때입니다. 감방에서는 금방이라도 처형이 집행될 분위기였고, 그는 두려움과 공포로 신경이 곤두서 있었습니다. 그는 긴장을 덜기 위해 담배를 꺼내 들었지만, 성냥이 없었습니다. 그래서 창살 너머 간수에게 작은 목소리로 부탁했습니다.

"혹시 불이 있으면 좀 빌려주시겠소?"

간수는 슬쩍 쳐다보더니 그의 감방 앞으로 다가왔고, 담배에 불을 붙여주었습니다. 그 순간 간수와 눈이 마주친 그는 살짝 미소를 지어보였습니다. 그 미소에 화답하듯이 간수는 불을 붙여주고도 그 자리를 떠나지 않은 채 생텍쥐페리에게 말을 걸었습니다.

"당신에게도 자식이 있소?"

"그럼요. 있고말고요."

그는 지갑에서 가족사진을 꺼내 보여주었습니다. 어느새 그의 눈가에는 이슬이 맺혀 있었고, 가족을 만나지 못할까 겁이 난다고 고백했습니다. 그러자 간수는 아무 말 없이 감방 문을 열어 주었고, 감방 뒷문을 지나 마을 입구까지 안내해 주고는 되돌아갔습니다.

바로 도산 안창호 선생께서 그토록 강조하셨던 '훈훈한 마음, 빙그레 웃는 얼굴'이 죽음에 처한 생텍쥐페리의 생명을 구한 셈입니다. 바로 가족을 생각하는 생텍쥐페리의 인간적이고 가식 없는 훈훈한 마음이 빙그레 웃는 미소를 만들어, 간수의 마음을 움직였던 것입니다.

내가 편안한 얼굴로 짓는 미소가 다른 사람들의 마음을 훈훈하게 만듭니다. 웃는 얼굴을 만든다는 것은 비용이 들지 않으면서도 참으로 흐뭇하고 기분 좋은 일입니다. 우리 모두 '훈훈한 마음, 빙그레 웃는 얼굴'이 행복과 성공의 첩경임을 깨닫고, 우리의 가정과 사회와 국가가 훈훈한 마음과 빙그레 웃는 얼굴로 가득차기를 기원해 봅니다.

김구 선생의 지고한 효심

누구나 마음속에 모시며 존경하는 사람이 있습니다. 나는 일제강점기 피눈물 나는 고통 속에서도 대한민국 임시정부를 이끌었던 나라 사랑에 대한 열정의 화신 백범(白凡) 김구(金九) 선생을 마음속에 멘토로 모시며 인생을 살고 있습니다.

세계에서 가장 아름답고 높은 문화를 가진 자주·민주·통일 조국을 건설하기 위하여 일생을 바친 겨레의 큰 스승, 효성이 지극하여 많은 사람들로부터 존경을 받고 계신 백범 김구 선생의 삶과 사상을 통하여 효를 생각해 볼까 합니다.

이름을 '구(九)'라 함은 왜놈의 국민이 되기 싫어 왜놈 나라의 호적에서 떨어져 나감이요, 호를 '백범(白凡)'이라 함은 아무리 백정(白丁)과 범부(凡夫)라 할지라도 애국심이 최소한 나 정도는 되어야 한다는 뜻에서였습니다.

경향신문은 우리 국민이 가장 좋아하는 독립운동가가 누구인지 조사한 결과를 발표하였는데 김구 선생이 1위였으며 다음으로 안중근 의사와 유관순 열사 순으로 응답했습니다.

『명심보감(明心寶鑑)』 천명편(天命篇)에 보면, 맹자(孟子)는, '순천자존(順天者存) 역천자망(逆天者亡)'이라 했습니다. "하늘의 뜻에 따르는 자는 살고, 하늘의 뜻을 거역하는 자는 죽는다."는 뜻입니다.

하늘이 내린 최고의 이치 중의 하나는 효행이며, 이 천부적 이치를 직시

한 김구 선생은 어린 시절은 물론 죽는 날까지 지극정성으로 효심을 실천하였습니다. 효자 집안에 효자 난다고 했던 말 그대로입니다.

김구 선생의 아버지 또한 죽음을 앞둔 노모를 위해 단지(斷指)를 해 생피를 삼키게 함으로써 사흘을 연명시킨 바 있으며, 그 사흘째 되던 날 김구 선생이 태어났다고 합니다.

아래 글은 죽음을 앞둔 아버지를 살려보겠다고 자신의 허벅지 살을 베어 생피를 공양했다가, 아버지 장례를 치르는 동안 엄청난 통증으로 고생한 김구 선생의 어릴 적 효행 이야기입니다.

할고(割股)의 고통

　　아버지의 병세는 상당히 위중했다. 나는 정성껏 시탕(侍湯)하였으나 병세는 전혀 차도가 없었다. 우리 집이 워낙 궁벽한 산촌인 데다 매우 가난했기 때문에, 고명(高名)한 의사를 부른다거나 영약(靈藥)을 쓸 처지는 못 되었다.

　　나는 문득 까마득한 지난날을 생각했다. 예전 할머니께서 돌아가시기 전에, 아버지께서 단지하셨던 일이 머리에 생생하게 떠올랐던 것이다.

　　'그렇다! 단지를 하면 소생하실지 모른다.'

　　나는 단지를 하려고 부엌으로 갔다. 그러나 다시 생각해 보니 어머니께서 마음 아파하실 것 같아서 그 생각을 바꾸고 할고(割股, 허벅지의 살을 베어 내는 것)를 결심했다. 다음날 나는 어머니가 안 계신 때를 틈타 왼쪽 허벅지에서 살점 한 점을 베어냈다. 아찔한 아픔이 전신으로 퍼지면서 붉은 피가 받쳐놓은 사기그릇에 쏟아졌다. 그 피를 아버지의 입에 흘려 넣어드리고, 살은 불에 구워서 약이라고 하여 잡수시게 하였다. 그러나 시원한 효험이 없었다. 나는 피와 살의 분량이 적기 때문에 효험이 없다고 생각했다.

'좀 더 많은 살을 떼어 내자!'

나는 이를 악물고 칼을 잡았다. 살을 떼어낼 때의 아픔을 생각하니 온몸에 소름이 돋고 겁이 났다. 먼저보다 천백 배의 용기를 내어 살을 베기는 베었지만, 그것을 떼어내자니 견딜 수 없을 정도로 아팠다. 그래서 허벅지의 살을 썰어놓기만 했을 뿐, 조금도 떼어내지 못했다. 그리고 썰어놓은 허벅지를 보면서 이렇게 탄식했다.

'아, 단지나 할고는 진정한 효자가 할 수 있는 일이로다. 나와 같은 불효자가 어찌 효자가 되겠는가!'

평생을 독신으로

초등학교도 졸업하지 못한 김구 선생이 민족적 사표로서 '세기를 넘어' 존경을 받을 수 있었던 것은 민족에 대한 끝없는 사랑에 앞선 '효행'에 있었습니다.

동학혁명군 청년장수로서 산야를 누볐으나 뜻을 이루지 못했습니다. 절치부심하던 김구 선생은 1896년 국모인 명성황후의 원수를 갚기 위해 일본인을 맨손으로 죽인 치하포 의거를 일으켰습니다. 그 후 김구 선생은 충분히 도망갈 수 있었으나 자신으로 인해 고초를 겪을 노부모를 걱정하여 일본 경찰들을 기다렸다 감옥에 갇힌 후, 사형선고를 받았습니다.

그런데 고종 황제의 특사령으로 김구 선생은 사형을 면하게 되었는데, 이때 나이가 22세였습니다. 그로 인해 김구 선생은 고종 황제의 황은까지 입는 전국적 명사가 되었습니다.

거처 없이 떠돌아다니며 고생이 많았던 임시정부 시절 김구 선생은, '조국이 독립되기 전에 생일상을 받은 죄'로 나이 50에 어머니로부터 순한 양처럼 종아리를 맞았습니다.

김구 선생은 1904년 최준례 여사와 혼인한 지 2년 만에 첫 딸을 얻은 이래 모두 2남 3녀를 두었습니다. 그러나 일제하 망명정부의 혹한 속에서 변변한 치료 한 번 못하고 막내 김신(金信)을 제외하고는 자식들을 모두 잃었습니다. 안타깝게도 아내마저 막내를 낳은 직후 병을 얻어 1924년 1월에 사망하였습니다.

그런 뒤 74세를 일기로 1949년 6월 26일 안두희의 흉탄에 맞아 숨을 거두기까지 그는 독신이었습니다. 측근들이 재혼을 간청해도 "조국 독립 이전에 재혼은 안 된다."는 모친의 뜻을 죽기까지 지킨 것입니다. 역시 훌륭한 어머니에게서 훌륭한 자식이 나왔다고 할 것입니다.

뒤늦게 발견한 효의 진리

나 같이 평범한 사람은 나이 70세가 넘도록 조그만 효행도 해보지 못하고 허송세월을 보내다가, 이제 겨우 한 가닥 진리를 붙잡았으니 늦은 감이 없지 않습니다.

물론 남들이 들으면 비웃을지도 모릅니다. 기껏 깨달았다는 진리가 모든 사람이 당연히 알고 있는 고작 그것이냐며 못마땅하게 여길 사람들도 많을 것입니다.

내가 이제야 발견한 진리는 다음과 같이 간단한 몇 마디입니다.
"인간으로서 천추의 한은 '불효'다."
"효를 행하면 성공과 행복이 온다."
우선 내가 발견한 이 진리에 비추어 나 자신이 살아온 불효의 삶을 뼈저리게 반성합니다. 성공하지 못한 것은 조금도 부끄럽지 않습니다. 그러나 효를 실천하지 못하고 살아온 것에 나 자신의 74년 삶이 한심하게 그리고 죄스럽게 느껴집니다.

뒤늦게나마 이런 진리를 깨달은 이상, 앞으로 살아가는 동안 사람들에게 효를 전파하고 실천하도록 최선을 다하겠다고 다짐합니다.

특히 앞으로 다가오는 사회는 다양한 가족 형태가 있을 텐데, 재정적으로 여유가 되면 그 중 할머니·할아버지와 손자·손녀가 함께 사는 조손(祖孫)가정에 도움을 줄 수 있도록 '효경장학회'를 만들어 보고 싶습니다.

이규보 선생과 공정한 사회

고려 말 학자였던 이규보 선생의 일화를 통하여 '공정한 사회'를 이루기 위한 지도자와 공직자의 자세를 살펴보고자 한다. '유아무와(有我無蛙) 인생지한(人生之限)' 즉 '나는 있으나 개구리가 없는 게 인생의 한이다.'란 뜻이다. 유명한 학자였던 이규보 선생께서 몇 번의 과거에 낙방하고 초야에 묻혀 살 때 집 대문에 붙어있던 글이다. 이 글에 대한 유래는 다음과 같다.

임금이 하루는 단독으로 야행을 나갔다가 깊은 산중에서 날이 저물었다. 요행히 민가를 하나 발견하고 하루를 묵고자 청했지만 집 주인인 이규보 선생이 조금 더 가면 주막이 있다고 해, 임금은 할 수 없이 발길을 돌려야 했다. 그런데 이규보 선생의 집 대문에 붙어 는 글이 임금을 궁금하게 하였다.

'나는 있는데, 개구리가 없는 게 인생의 한이다. 그렇다면 개구리가 뭘까?'

나라의 임금으로서 어느 만큼의 지식은 갖추었기에 개구리가 뜻하는 걸 생각해 봤지만 도저히 감이 안 잡혔다.

주막에 가서 국밥을 한 그릇 시켜 먹으면서 주모에게 이규보 선생 집에 대해 물어봤지만, 과거에 낙방하고 마을에도 잘 안 나오고 집안에서 책만 읽으며 살아간다는 소리를 들었다. 그래서 궁금증이 발동한 임금은 다시 그 집으로 가서 사정사정한 끝에 하루저녁을 묵어갈 수 있었다. 잠자리에 누웠지만 집주인의 글 읽는 소리에 잠은 안 오고 해서 면담을 신청했다. 그렇게도 궁금하게 여겼던 '유아무와 인생지한'의 뜻에 대한 설명을 들을 수 있었다.

"옛날 노래를 아주 잘하는 꾀꼬리와 목소리가 듣기 거북한 까마귀가 살고 있었다. 하루는 꾀꼬리가 아름다운 목소리로 노래를 하고 있을 때, 까마귀가 꾀꼬리한테 내기를 하자고 했다. 바로 '3일후에 노래시합을 하자'는 거였다. 두루미를 심판으로 하고서.

꾀꼬리는 한 마디로 어이가 없었다. 노래를 잘하기는커녕 목소리 자체가 듣기 거북한 까마귀가 자신에게 노래 시합을 제의하다니. 하지만 월등한 실력을 자신했기에 시합에 응했다.

그리고 사흘 동안 목소리를 더 아름답게 가꾸고자 노력했다. 그런데 반대로 노래 시합을 제의한 까마귀는 노래 연습은 안 하고 자루 하나를 가지고 논두렁에 개구리를 잡으러 돌아다녔다. 그렇게 잡은 개구리를 두루미한테 갖다 주고 뒤를 부탁한 것이다."

약속한 사흘째가 되어서 꾀꼬리와 까마귀가 노래를 한 곡씩 부르고 심판인 두루미의 판정만을 남겨두고 있었다. 꾀꼬리는 자신이 생각해도 너무 고운 목소리로 잘 불렀기에 승리를 장담했지만, 결국 심판인 두루미는 까마귀의 손을 들어주었다.

이 이야기의 내용인즉, 이규보 선생이 임금한테 불의와 불법으로 얼룩진 나라를 비유해서 한 말이다. 이규보 선생 자신이 생각해도 그 실력이나 지식은 어디 내놔도 뒤떨어지지 않는데, 과거를 보면 꼭 떨어진다는 것이다. 돈이 없고 정승의 자식이 아니라는 이유로 말이다. 자신이 노래를 잘하는 꾀꼬리 같은 입장이지만, 까마귀가 두루미한테 상납한 개구리 같은 뒷거래가 없었기에 결국은 번번이 낙방하여 초야에 묻혀 살고 있다는 것

　그 말을 들은 임금은 이규보 선생의 품격이나 지식이 고상하기에 자신도 과거에 여러 번 낙방하고 전국을 떠도는 떠돌이인데 며칠 후에 임시과거가 있다 해서 개경으로 올라가는 중이라 거짓말을 하고, 궁궐에 들어와 임시과거를 열라고 명하였다 한다.

　과거를 보는 날, 이규보 선생도 뜰에서 다른 사람들과 같이 마음을 가다듬으며 준비를 하고 있을 때, 시험관이 내건 시제가 '유아무와 인생지한'이란 여덟 자였다.

　다른 사람들은 그게 무엇을 뜻하는지 영문을 몰라 어리둥절해 있을 때, 이규보 선생은 임금이 계신 곳을 향해 큰절을 한 번 올리고 답을 적어냄으로서 장원급제를 했고, 차후 유명한 학자가 되었다고 한다.

이 말은 먼 옛날의 일화이지만 현재의 우리 모두에게도 타산지석이 되는 글귀다. 최고의 위치에 있는 지도자나 공직자가 사리사욕과 불편부당에 치우치지 않고 초야에 묻힌 인재를 구하고 등용할 때, 훌륭한 인재들을 발굴할 수 있고, 나라는 올바른 길로 나아간다는 교훈을 보여주고 있다. 요즘과 같이 인재등용 문제로 온 나라가 시끄러울 때, '공정한 사회'를 구현하기 위해서는 더욱 명심해야 할 글귀가 아닌가 싶다.

이러한 '공정사회'가 정착되려면 누구보다 먼저 최고 위치에 있는 지도자와 공직자부터 공(公)과 사(私)를 가릴 줄 알아야 하고, 공동체가 정한 법과 원칙을 누구보다도 앞장서서 지켜야 한다.

　그래야 국민들이 지도자와 공직자를 믿고 따를 것이며, 서로가 신뢰하

는 통합과 화합의 정치가 실현될 것이다.

　남이야 어떻든 나 자신만의 이익을 위해 질서 준수 의무조차 도외시하는 정신과 생활의식으로는 '공정한 사회' 구축을 통한 명실상부한 선진사회의 달성은 어려울 것이다.

　이제부터라도 모든 국민이 '공정한 사회'를 정착시키기 위한 기초의식부터 탄탄히 다져나가야 한다. 그러기 위해서는 과도한 욕심과 자만심은 누르고, 내가 틀릴 수도 있다는 생각으로 남의 말을 경청하고, 남의 좋은 의견을 받아들이는 겸손의 자세가 효와 인도정신이라는 사실을 어릴 때부터 가정에서 가르치고 습관화해야 할 것이다.

노년에 대가가 된 사람들

　영국의 노인 심리학자 브롬디는 인생의 4분의 1은 성장하면서 보내고, 나머지 4분의 3은 늙어가면서 보낸다고 하였습니다. 사람이 아름답게 죽는다는 것은 여간 어려운 일이 아니지만, 더욱 어려운 일은 아름답게 늙는 것입니다. 한 마디로 말해서 행복하게 늙어가는 것은 정말 쉽지 않은 일입니다.
　인생에도 스포츠처럼 전반전과 후반전이 있습니다. 전반전에는 자기의 목표를 성취하기 위하여 불철주야 노력하지만, 후반전에는 자기에게 주어진 삶의 진정한 의미를 성취하기 위하여 노력하는 시기라고 할 수 있습니다. 소년기가 인생의 봄이라면 청년기는 인생의 여름입니다. 장년기는 열매를 따먹는 인생의 가을이며 노년기는 인생의 겨울입니다.
　그러나 역사상 업적을 남긴 사람들을 보면 나이와 상관없이 일한 사람들입니다. 세계 역사상 위대한 업적의 35%는 60세~70세의 노인들에 의하여 성취되었다고 합니다. 그리고 23%는 70세~80세 노인들에 의해, 그리고 6%는 80세 이상의 노인들에 의해 성취되었다고 합니다. 결국 역사적 업적의 64%가 60세 이상의 노인들에 의해 성취되었다는 것은 놀라운 일입니다.

　콤모르도 빈더빌트는 대부분의 사람들이 은퇴할 나이인 일흔이 넘었을 때 철도회사를 만들어 대성한 사람입니다. 미켈란젤로는 로마의 성 베드로 대성전의 돔을 일흔에 완성하였습니다. 하이든, 헨델 등도 고희의 나이 일흔을 넘어 불후의 명곡을 작곡하였고, 베르디는 여든에 오페라 <오델

로>를 작곡하였습니다. 소포클레스가 <클로노스의 에디푸스>를 쓴 것은 여든일 때였고, 괴테가 대작 <파우스트>를 완성한 것은 여든두 살 때였습니다. 세잔느는 일생동안 사과 그림만 그렸습니다. 그는 늙어서 이렇게 고백하였습니다.

"만년이 되어서야 비로소 사과 그림을 제대로 그릴 수 있게 되었습니다."
모네도 여든다섯 살 이후에 그의 거작을 그려냈습니다.

다음 이야기는 일흔일곱 살 때 처음 그림 공부를 시작하여 대가가 된 미국의 해리 리버맨(Harry Lieberman)의 경우입니다.

해리 리버맨은 폴란드 출신으로 1905년 26세 때 영어는 한 마디도 못 하면서, 단돈 6달러와 조그만 손가방만 들고 미국으로 이민을 왔습니다. 처음에는 할렘가 유태인 거주 지역에서 현금 출납원으로 출발하여 생활의 터전을 잡자, 곧 그의 아내를 폴란드에서 데려와 400달러로 맨해튼 로우 이스트사이드에 과자 도매상을 차렸습니다. 그는 열심히 일하고 저축한 덕분에 11년 만에 부자라는 소리를 들을 정도로 풍요로워졌습니다.

일흔일곱 살이 되던 해 그는 여생을 조용히 보내리라 마음먹고 은퇴하였습니다. 그리고 그는 매일 노인학교에 나가 친구들을 만나 소소한 잡담을 하거나 체스를 두며 안정된 노년을 보내고 있었습니다. 어느 날, 해리 리버맨은 노인학교에 나갔으나 마침 체스 상대자가 병이 나서 나오지 않았습니다. 해리 리버맨은 그냥 멍하니 양지쪽에 앉아 있었습니다. 그때 한 젊은 봉사자가 다가와 해리 리버맨에게 이렇게 말했습니다.

"할아버지, 그냥 앉아 계시지 말고 미술실에 가서 그림이나 그려 보시는 게 어떠세요?"

"내가 그림을? 나는 붓 잡을 줄도 모르는데…?"
"그야 배우면 되지요?"
"그러기엔 너무 늦었어. 나는 이미 일흔이 훨씬 넘었는데…"
"제가 보기엔 할아버지의 연세가 문제가 아니라, 할 수 없다고 생각하는 할아버지의 마음이 더 문제 같은데요?"

여든을 목전에 둔 나이에 무엇을 새로 시작한다는 것이 두려웠지만, 젊은이의 그런 핀잔에 자극을 받은 해리 리버맨은 곧 미술실로 찾아갔습니다. 그림을 그리는 일은 생각했던 것보다 어렵지도 않았으며, 등은 굽고 붓을 잡은 손은 떨렸지만, 해리 리버맨은 매일 거르지 않고 열심히 그림을 그렸습니다.

더욱이 그의 연세가 가지는 풍부한 인생 경험으로 인해 그는 인생의 깊이가 담긴 성숙한 그림을 그릴 수가 있었으며, 이 새로운 일은 그의 마지막 인생을 더욱 풍요롭게 장식해 주었습니다. 그가 바로 미술평론가들로부터 '원시적 눈을 가진 미국의 샤갈(Marc Chagall)'이라고 평가를 받은 해리 리버맨입니다.

해리 리버맨은 이후 많은 사람들의 격려와 칭찬 속에서 죽을 때까지 수많은 그림을 남겼으며, 백한 살 때의 스물두 번째 전시회를 마지막으로 삶을 마쳤습니다. 오늘날 그의 그림은 많은 미술관의 벽에 걸려 있을 뿐만 아니라, 그림 수집가들이 계속해서 그의 그림을 사들이고 있을 정도로 높이 평가받고 있습니다.

만약 해리 리버맨이 나이를 핑계로 새로운 도전을 포기했더라면, 그는 무명의 노인으로 삶을 마쳤을 것입니다. 우리 대부분은 일정한 나이가 지나고 나면, 심한 경우에는 학창시절을 지나고 나면 자신의 인생이 어느 정도 결정되어 버린 것으로 여기고, 새로운 도전을 스스로 포기합니다. 나이는 아직 젊어도 마음은 이미 노인이 되어 버린 것입니다.

그러나 해리 리버맨은 대부분의 그 또래 사람들이 은퇴 후 생활에 안주하고 있을 때, 일흔일곱의 나이에도 불구하고 새로운 도전에 나서서 자신의 숨은 재질을 갈고 닦아 노년에도 대가가 될 수 있음을 보여 주었습니다.

이 이야기는 무슨 일을 시작하기에 너무 늦은 때라는 것은 없으며, 더구나 나이는 중요하지 않다는 사실을 분명히 보여주고 있습니다. 세상의 상식대로라면 집에서 편히 쉬고 있어야 할 나이지만, 나이는 숫자에 불과하다는 것도 보여주고 있습니다.

해리 리버맨 외에도 죽는 순간까지 '인생의 현역'으로 살며 활동했거나 활동 중인 사람은 국내·외에 수없이 많습니다. 이렇듯 늙어서도 자기만의 할 일을 찾아 열심히 일하고 있는 사람들은 비슷한 또래의 사람들이 이미 나이가 많아 무엇을 새롭게 시작하기에는 너무 늦었다고 포기하고 있을 때, 새로운 일에 도전하여 왕성하게 활동함으로써 나이는 숫자에 불과하다는 것을 실천으로 보여주고 있습니다.

뿐만 아니라 안일한 삶에 안주하고 있는 노년들에게, "뜻만 있다면 무엇이든 이룰 수 있다."는 희망과 용기를 북돋아주고 있습니다. 늦었다고 생각한 때가 가장 빠른 때입니다. 계획만 세워놓고 미적거리던 일이 있다면 지금 당장 시작해 보십시오. 그래서 '시작이 반'이라는 속담도 생겨난 것입니다.

결국 인생에서 늦은 때란 없는 것입니다. 나이가 많아서 새롭게 시작할 수 없다는 것은 자기 자신이 만든 생각일 뿐입니다. '생각을 바꾸면 인생이 달라진다.'는 말이 있습니다. '아무리 늦더라도 시작하는 것이 결코 시작하지 않은 것보다 낫다.'는 프랑스 속담도 있습니다. 늦었다는 생각만으로 시작하지 않으면 충분히 이룰 수 있는 꿈들을 놓치게 된다는 뜻입니다.

우리가 무언가를 하고 싶고 이루고 싶은 것이 있지만 아무 것도 가진 게

후회

사랑을 알 때쯤
사랑은 떠났고

자신을 알 때쯤
많은 걸 잃었다

흐르는 시간도
흐르는 세월도
되돌릴 수는 없다
모든 게 너무 빨리 지나간다.

효를 알 때쯤
부모는 안 계시니

우린 항상
가장 귀중한 것을 잃고야 후회한다.

없다고 해도, 더 나아가 아무 재능이 없다고 느낄 때도 자신만이 가진 꿈·

희망·용기·정열이라는 재산이 있다는 것을 명심해야 합니다. 이러한 사람은 이미 놓쳐 버린 기회를 후회하는 사람이나, 오지 않은 미래를 위해 무모한 계획만 세워놓고 실천하지 않는 사람보다는 자신이 원하는 삶을 살아갈 가능성이 훨씬 높습니다.

노후는 덤으로 사는 인생이 아닙니다. 지금까지는 은퇴 후의 노후생활을 덤으로 사는 것으로 생각해 왔습니다. 그래서 노년기에 들어서면 체력과 기력이 쇠약해지니 사회의 활동무대에서 물러나 인생의 마지막 시간을 조용히 보내는 것으로 여겨왔습니다.

그러나 요즘은 은퇴 후에도 20년 내지 30년을 더 살아야 하는 짧지 않은 기간이 남아 있는 데다 넉넉한 식생활과 의료혜택 덕택으로 건강하기 때문에 무엇이든 할 수 있는 기력이 남아 있습니다. 아무런 일도 하지 않고 무료한 나날을 보내야 한다면, 이는 즐거운 은퇴생활이 아니라 고통스러운 은퇴생활이 될 것입니다.

은퇴 후는 이제 내 의지대로 내가 하고 싶은 대로 살 수 있는 참 인생이 기다리고 있습니다. 그래서 우리는 또 다른 새로운 삶을 시작해야 합니다. 그러려면 우리가 할 수 있는 일을 찾아내야 합니다. 그동안 내가 하고 싶었던 일, 또 내가 남보다 잘할 수 있는 일을 찾아내서 나 자신을 위한 인생을 살아갈 수 있는 기회로 삼아야 합니다.

우리의 어머니, 할머니 세대는 어려운 정치·경제·사회·문화적 여건 때문에 자신들이 하고 싶었던 일이 있어도 포기했지만, 지금은 세상이 달라졌습니다. 우리는 후손들을 위하여 자신들을 희생한 수많은 조상들 덕분에 경제 선진국이 되었고, 이제 노년기에 들어서도 우리만의 새로운 삶을 시작할 수 있다는 것은 과거에는 상상조차 할 수 없었던 커다란 축복이니 기쁜 마음으로 새로운 노년의 삶을 개척해 나가도록 힘써야 할 것입니다.

삶이 그대를 속일지라도

푸시킨(Pushkin)은 우리나라에도 잘 알려진 러시아의 작가다. 평소 시(詩)나 문학에 관심이 별로 없는 사람이더라도 <삶이 그대를 속일지라도(What though life conspire to cheat you)>라는 시는 귀에 익숙할 것이다.

푸시킨이 38세라는 짧은 생애를 통해 남긴 다양한 장르의 작품 중에서 내가 가장 좋아하는 작품은 그가 서른여섯 살 때 쓴 <삶이 그대를 속일지라도>라는 시다.

이 시에서 푸시킨은 삶이 주는 슬픔과 우울을 인내하면서 시간이 흘러가면, 내 삶의 눈물과 고통은 사라지고 기쁨과 행복이 올 것이니, 긍정과 낙관의 마음으로 살아가라고 하고 있다.

푸시킨의 시는, 어려운 환경에 처할 때마다 나의 마음을 위로해 주기에, 지금도 어렵고 곤란한 상황에 처하면 그의 시를 읊조려 본다.

삶이 그대를 속일지라도

삶이 그대를 속일지라도 슬퍼하거나 노여워하지 말라
슬픔의 날 참고 견디면 기쁨의 날이 오리니
마음은 미래에 살고 현재는 늘 슬픈 것
모든 것은 순간에 지나가고 지나간 것은 다시 그리워지나니

삶이 그대를 속일지라도 노여워하거나 서러워하지 말라
절망의 나날 참고 견디면 기쁨의 날 반드시 찾아오리라
마음은 미래에 살고 현재는 언제나 슬픈 법
모든 것은 한 순간에 사라지지만 가버린 것은 마음에 소중하리라

삶이 그대를 속일지라도 슬퍼하거나 노여워하지 말라
우울한 날들을 견디며 믿으라, 기쁨의 날이 오리니
마음은 미래에 사는 것 현재는 슬픈 것
모든 것은 순간적인 것, 지나가는 것이니
그리고 지나가는 것은 훗날 소중하게 되리니

삶이 그대를 속일지라도 슬퍼하거나 노여워하지 말라
설움의 날을 참고 견디면 기쁨의 날이 오고야 말리니

그의 시를 읊고 나면 나의 마음은 삶에 대한 새로운 의욕과 미래에 올 기쁨의 날을 향한 소망으로 가득 찬 느낌을 받는다.

새해를 맞이하며

 세월이 유수와 같고 쏜살같다는 말이 실감이 난다. 나이가 먹을수록 어떻게 보냈는지도 모르게 한해를 빠르게 보내며, 지난 한해 다짐했던 일들을 얼마나 실행하였는지 생각해 본다.

 1월 1일, 나의 서재에서 창밖을 보면서 저 먼 남쪽의 선산에 묻혀 계신 할머니를 생각하며, 시인 메리 엘리자베스 프라이(Mary Elizabeth Frye)의 <내 무덤 앞에서 울지 말아요(Do not stand at my grave and weep)>를 읊었다. 새로운 해를 맞이하며 올해는 지난해보다 더 좋은 해가 되길 바라며 이 시를 다시 옮긴다.

내 무덤 앞에서 울지 말아요

내 무덤 앞에서 울지 말아요.
나는 그곳에 없어요. 잠들어 있지 않아요.
나는 천 갈래 바람이 되어 불고,
눈송이 되어 보석처럼 반짝이고,
햇빛이 되어 익어가는 곡식 위를 비추고,
잔잔한 가을비 되어 내리고 있어요.
당신이 아침의 고요 속에서 깨어날 때,
원을 그리다 비상하는 조용한 새의

날개 속에도 내가 있고
밤하늘에 빛나는 포근한 별들 중에도 내가 있어요.
내 무덤 앞에서 울지 말아요.
나는 그곳에 없어요. 죽은 게 아니랍니다.

이 슬프고 아름다운 시는 1932년 미국 볼티모어에 살던 시인이, 이웃집 유대인 소녀가 독일에 계신 어머니가 돌아가셨으나, 장례식에 참석할 상황이 못 되는 걸 슬퍼하자, 위로하기 위해 썼다고 한다.

1977년 영화감독 하워드 호크스(Howard Hawks)의 장례식에서 존 웨인(John Wayne)도 이 시를 낭독했다고 한다. 1989년에 IRA(아일랜드 공화국군) 폭탄테러로 목숨을 잃은 영국군 병사가 품속에 간직하고 있던, 사랑하는 모든 이들에게 보내는 편지에도 이 시가 적혀 있었다고 한다.

이 시를 읽으면 저승에 계신 분이 오히려 이승에 있는 사람을 위로하는 것 같으며, 슬픔은 나라, 인종, 종교, 계급, 빈부, 사회적 상황 등을 뛰어넘고 있음을 보여주는 것 같다.

오래 전에 돌아가신 할머니께서 저승에서도, 힘겹게 살아가고 있는 손자를 오히려 위로하는 따뜻한 시 같기도 하다.

눈 내리는 창밖을 보며

나는 서른 살이 되던 해에야 어렵게 대학을 졸업한 다음, 사회생활을 시작하면서 수많은 방황을 거쳤다. 그리고 이제야 조그만 연구소를 차리고 효(孝)를 전파하는 소명을 위해 충실하게 살아가고 있다.

내가 우여곡절 끝에 대학을 뒤늦게 졸업한 이유를 생각해보면, 나의 적성과 소명은 무시한 채 요즘말로 스펙을 쌓기 위하여 남이 좋다는 대학에만 목표를 두었던 것이 이유인 듯하다. 대학 졸업 후의 지난 40여 년을 돌아보면 천직을 망각한 채 방황하면서 살아왔다. 이제야 천직을 찾아 봉사하며 살아갈 수 있게 된 것에 대해 감사할 따름이다.

여러 가지로 부족하고 약점이 많은 사람이 지금까지 숱한 어려움을 극복하고 삶을 감당해 올 수 있었던 것은 돌아가신 할머니의 음덕이 나를 항상 보살펴 주셨기 때문에 가능했으리라는 것을 고백한다. 그래서 이제 남은 인생이나마 제대로 소명에 따라 일할 수 있기를 바라며, 매일 매일을 소중하게 보내고 있다.

지난 70여 년을 돌이켜보면 여러 가지로 후회가 되고 반성하는 바가 많다. 할머니께서는 살아생전에, 내가 훌륭한 사람이 되도록 수많은 노력을 기울여 주셨다. 그러나 나는 할머니가 돌아가신 후에도 나의 갈 길을 제대로 가지 못하고 나에게 주어진 소명을 충실히 이행하지 못하면서 '시간과 정력만 낭비했구나.' 하고 후회와 반성을 하게 된다.

할머니께서 몹시 어려운 환경 속에서 돌아가신 것은, 나에게 남다른 가르침을 주신 것 같다. 다시 말해 자기를 가장 잘 돌보아주신 분께 먼저 효도를 해야만 행복하고 성공한 인생을 살아갈 수 있다고 가르쳐 주신 것이다.

더불어 외면보다 내면에 충실하면서 살아가라는 교훈과 함께 나의 적성대로 가르치면서 좋은 글을 쓰고 다른 사람들에게 도움을 줄 수 있는 삶을 살라고 하신 것 같다. 그런데 나는 제 길에서 벗어난 여러 가지 잡다한 공부와 번잡한 일에 매달려 귀중한 시간을 낭비해왔다.

모름지기 자기의 적성에 맞고, 소명 받은 일에 쓰임 받으려면 효와 인도의 정신을 가지고 선택과 집중을 하며 살아가는 것이 필수조건이다. 그런데도 나는 산만하게 여러 가지 일을 벌려 놓고, 그 수많은 일들을 감당하느라 세월을 낭비하면서 시간을 보냈다. 그 점을 깊이 반성을 하면서 매일매일 심신을 닦고 실천하며 살아야겠다는 각오를 다지게 된다.

또한 하늘의 소명으로 말하자면 바른 길로 가지 못하고 잘못된 길로 접어들었던 게 아닌가 하는 반성도 하게 된다. 오랜 세월 동안의 방황과 잘못된 길을 헤쳐 나오며 그 후유증으로 암을 겪기도 했다. 두 번의 수술을 받은 후 신체적으로는 장애를 가지게 되었지만, 정신적으로는 오히려 정상인보다 열심히 살아야 한다는 새로운 다짐을 하며 살아가고 있다.

앞으로 일할 수 있도록 주어진 시간이 길어야 20여 년일 테니, 나에게 주어진 적성을 충실히 살리는 일과, 나에게 주어진 소명을 다하는 일을 선택하고 집중하며 살아야겠다고 다짐한다. 그렇게 함으로써 하늘나라에서 할머니를 다시 만나면 "그나마 인생 후반기에는 너에게 주어진 소명대로 길을 갔다."고 칭찬을 들을 수 있도록 해야겠다고 다짐하며 살아간다.

효(孝)와 웰 다잉(Well-Dying)

지금부터 18년 전, 몸이 몹시 피곤하고 소변을 보니 피가 섞여 나왔다. 비뇨기과 의사로 조그만 병원을 운영하고 있는 친한 친구를 찾아갔다.

남자는 술을 많이 먹거나 피곤하면 소변에 피가 나올 수 있으니 큰 염려는 말라고 했다. 그 말을 듣고는 안심이 되었으나 가끔 소변에서 피가 섞여 나오는 것은 계속되었다. 의사친구에게 전화를 걸어 증상을 호소해도, 똑같은 답변이었다.

"요즘 너에게 일이 많아 야근까지 하고 있으니, 스트레스와 피곤이 겹쳐 생기는 증상이야."

오늘의 나를 있게 해주시고, 건강하게 키워주신 할머니(李一孝, 1907~1980)가 돌아가신 지 40년이 되었지만, 한 번도 내 꿈에 나타나신 적은 없었다.

그런데 소변에 피가 나오기 시작한 후로 할머니가 꿈에 나오셔서 병원에 한 번 가보라고 여러 번 암시하시고 사라지셨다. 그동안 살아간다는 일에 쫓기다 보니 나에게 멀리 있을 것 같은 죽음을 생각할 이유나 여유도 없었다. 그렇지만 항상 할머님에 대한 생각은 하고 있었으며, 내 주위에서 항상 보살펴 주신다고 생각했다.

바쁘다는 핑계로 계속 미루다 하루는 점심시간을 이용하여 내가 근무하던 대한적십자사가 운영하는 서울적십자병원에 들러 검진을 받았다. 담당 의사 선생님과 병리사, 간호사들은 동료직원이 왔다고 친절을 다하여 진료 편의를 제공해 주었다.

CT(Computed Tomography) 촬영을 하던 병리사가 촬영을 하다 말고 갑자기 밖으로 뛰어나가더니, 한참 후 다른 병리사와 함께 CT 영상 화면을 살펴보는 것이었다. 그리고 심각한 표정을 지으며 바로 담당 의사 선생님을 만나보라고 했다.

담당 의사 선생님은 CT 필름을 보시더니, 정밀한 검사가 필요하다며 서울대 분당병원을 추천해 주었다. 적십자병원에서 준 CT 필름을 가지고 가서 서울대 분당병원 의사 선생님에게 보여주니 즉석에서 암(癌)이라고 하면서 당장 입원하라고 했다.

입원 후 다시 한 번 정밀검사를 하니, 방광암(膀胱癌)이라고 한다. 다음 날 바로 수술한다고 하면서, 전날 밤에 간호사가 와서 수술 중 불의의 사고가 나도 병원의 책임이 없다는 각서에 내 사인을 받아 갔다.

다음날 오전 수술실로 옮겨졌고, 그 후 회복실에서 눈을 떠보니 거의 4시간이 흐른 뒤였다. 주치의(主治醫)가 오더니, 암이 심각하여 다른 부위로 전이(轉移)될 염려가 있으니 방광을 절단(切斷)해야 한다고 하며, 병에 대한 설명을 하고 갔다.

1차 수술 전날 각서를 받아갔던 간호사가 이번에는 1차 수술 때와 달리 대수술(大手術)이 될 거라고 하면서, 여러 가지 주의사항을 전하고 간다.

그 다음 날 아침 10시경 수술실에 도착하니, 1차 수술 때는 느끼지 못했던 죽음이란 묘한 감정이 느껴졌다. 이름이 고영기(高永基)가 맞느냐, 병명은 방광암(膀胱癌)이 맞느냐는 등, 꼭 염라대왕이 나를 심판하는 것 같은 기분을 느꼈다.

그 후 수술실 의자에 앉으니, 다시 이름이 고영기(高永基)가 맞느냐고 묻고, 코에 무언가를 갖다댄다. 그때부터 의식을 잃고 무엇이 어떻게 진행되었는지 모른다. 다시 병실에 도착하니 밤 10시가 넘었다. 그러니까 거의 12시간이 걸린 대수술(大手術)이 끝난 것이었다. 나중에 들으니 혈액이 여러 봉지 투입된 대수술이었단다.

수술 후 암(癌)병실에 있으면서 병실 창밖으로 보이는 풀과 산과 푸른 나무 등 대자연의 모습과 따스한 햇살이 그렇게 고마울 수가 없었다. 산을 오르내리는 사람들의 모습이 굉장히 부러웠으며, 다른 한편으로는 새로운 삶을 주신 신에게 무한한 경건함이 느껴졌다.

현실 속의 돈과 명예와 승진과 부귀영화도 중요하지만, 건강하게 따스한 햇살을 받으면서 다른 이들과 함께 즐겁게 산을 오르는 사람들이 더욱 부럽고 행복하게 보였다. 행복은 다른 데 있지 않고, 저게 바로 행복이구나 하는 생각이 막 태어난 아이처럼 새로웠다.

그때 만일의 불상사에 대비하여 사전에 죽음 교육이라도 받았다면 더 마음의 준비를 할 수 있었으리라 믿는다. 말하자면 죽음은 두려움의 대상이 아니라, 소풍을 가듯 긍정적인 마음으로 받아들이는 태도를 가질 수도 있었으리라.

2차 수술실로 들어가기 전 간호사가 나의 이름이 고영기(高永基)가 맞느냐고 물을 때는, 꼭 염라대왕(閻羅大王)이 나의 이름을 불러 그동안의 죄를 심판하는 기분이 들었다. 그게 벌써 18년이 흐른 지금도 꼭 어제와 같은 느낌이 든다.

암 수술 이후 죽음에 대한 생각이 깊어졌고, 잘 죽기 위해서는 평소에 순간순간을 보람 있게 살아야겠다는 생각도 깊어졌다. 또한 효도(孝道)를 제대로 한 번 해드리지도 못한 할머니가 꿈에 나오신 것을 보면, 전생(前生)부터 큰 인연이 있었던 것 같기도 하다.

단 한 번뿐인 인생을 살아가면서 후회 없는 삶이 되려면 다른 무엇보다도 인간의 도리인 효(孝=HYO, Humanity between/of Young and Old)의 정신, 즉 인도정신(人道精神)의 실천이 더없이 중요하다. 방광암 수술 후 대한적십자사의 배려로 5년여를 더 근무한 후 예순한 살에 정년퇴임했다.

그 이후 유아교육(幼兒敎育)과 사회복지(社會福祉) 특성화 학교인 한양직업전문학교(漢陽職業專門學校)의 학장(學長)으로 부임하여 재직하였다. 국가의 미래를 짊어질 젊은 학생들에게 인성(人性)과 효에 관한 강의를 하고, 특강으로 죽음교육도 해주었다.

나의 암 투병기(鬪病記)도 학생들에게 알려주면서, 장애인도 자기의 의지에 따라 정상인보다 더 의미 있고 활동적인 생활을 할 수 있다는 것을 보여주었다. 또한 비록 장애인일지라도 긍정적인 마음으로 자신의 아픔을 이겨내며 인생을 당당하게 살아가는 사람들이 많으며, 질병은 몸과 마음의 조화가 깨졌을 때 찾아오는 자연의 현상이라고 말했다.

부정적인 태도는 좌절과 번민, 무력감으로 이어지며, 자신의 건강뿐만 아니라 행복감에도 해를 끼친다는 점을 일깨워주고 강조했다.

더불어 인생은 문제 해결의 연속이기에 매일매일 일상에서 부딪히는 장애물들을 긍정의 마음가짐으로 극복하면, 인생의 행복감을 높일 수 있다는 점도 강조하였다.

제2의 인생으로 시작한 한양직업전문학교 학장에서 은퇴한 후에는, '효와 행복연구소'를 세웠다. 틈틈이 칼럼도 쓰고, 강의를 하면서 다른 사람들에게 나의 지나온 경험도 들려준다. 특히 효(孝)를 실천하면 행복과 성공이 온다는 점을 강조하고 있다.

다행히 지금도 내가 살아있기 망정이지, 그때 불상사로 유명을 달리했다면 어떻게 됐을까? 그 당시 나는 정리하지 않은 일이 너무나 많았고, 효

(孝)와 죽음교육은 누구에게나 필요한 교육이라 생각해본 적이 없었다. 그 뒤로 나의 인생관도 바뀌어 항상 주변 정리에 신경을 쓰면서 매일 매일을 더 열심히 살아가려 노력하고 있다.

지금은 비록 나는 중요한 신체의 한 부위를 잃어 장애인이 되었지만, 다른 한편으로는 오히려 인생의 참 가치를 깨닫는 기회가 되었다. 남은 인생을 더욱 값어치 있고 긍정적으로 보내라는 할머니의 뜻으로 받아들이고 있다. 그렇기 때문에 나는 장애인이 된 걸 더 이상 부끄럽게 여기지 않는다. 물론 불편한 것은 한두 가지가 아니지만 말이다.

나는 매일 잠자리에 들면서 행하는 나만의 습관이 있다.

"오늘을 살아있게 해준 할머니께 감사드리며, 내일도 더욱 알차고 행복한 날이 되게 해 주십시오."

이렇게 기원하면서 잠을 청한다.

그런 의미에서 웰 다잉(Well-Dying), 다시 말해 행복한 죽음을 맞이하기 위해서는 웰빙(Well-Being), 즉 매일 매일의 삶을 행복하게 살아야 한다.

날마다 행복하게 살기 위한 조건이 있다. 인간이면 누구나 실천해야 할 '효(孝)의 삶, 즉 인도적(人道的)인 삶'을 실천하면 누구나 인생을 알차고 행복하게 살아갈 수 있다고 생각한다.

내 인생의 소명은 효(孝) 전도사

어제가 10대 같은데 칠순을 넘긴 나를 보며, 때론 깜짝 놀랄 때가 있습니다. 지방에 소재한 고등학교를 졸업한 후 당시 동대문구 제기동에 소재한 서울대학교 사범대학(지금은 관악캠퍼스로 옮김)에 입학시험을 보러 온 게 엊그제 같습니다. 그런데 벌써 70대 중반에 접어들었다니, 세월의 덧없음이 더욱 느껴지는 요즘입니다.

그 후 군 복무를 마치고 복학한 다음 1975년 관악캠퍼스로 옮긴 서울대학교 사범대학을 3년 더 다니고 졸업했습니다. 첫 직장인 교직도 동대문구로 배치를 받았고, 대학원도 직장과 가까운 고려대학교를 다니게 되었습니다.

대학원 졸업 후 미국유학을 마치고 귀국하여 대한적십자사에서 20여 년을 재직한 후 정년퇴직하고, 한양직업전문학교 학장으로 재직하였습니다. 그리고 지금까지 동대문구에서 살고 있습니다.

대한적십자사 재직 중에 결혼을 했고, 아들 출산과 자녀교육도 모두 동대문구에서 이루어졌으며, 처가도 동대문구 토박이입니다. 이제 종심(從心)을 지나 팔순을 향하면서, 왜 나는 대도시인 서울의 수많은 구(區)들 중에서 유독 동대문구에서만 살아왔을까 생각해 보게 됩니다.

결혼한 후 동대문구에서 전세로 살면서 처음으로 신청한 아파트 분양은 남들이 선망하는 분당으로 당첨되었습니다. 그러나 내가 근무하는 대한적십자사와는 거리가 너무 멀어 처분하고, 계속 동대문구 제기동에서 살았습니다. 지금 와서 생각하니, 왜 동대문구 그것도 제기동에서만 살아자 정기적인 효 포럼과 조손(祖孫)가정 청소년 장학 사업을 계획하고 있습니다. 우리 가정과 사회가 날로 황폐해져 가는 것을 막고, 동대문구가 효와 인(仁)이 충만한 구가 되는 데 나의 열정을 쏟고 싶습니다.

   인간은 누구나 주어진 운명이 있고, 이 세상에 살면서 자기만이 해야 할 소명이 있습니다. 효와 인을 행하는 사람과 가정은 행복합니다. 갈수록 부모와 자식 간의 관계가 소원해지고, 가정에서의 화목이 점점 엷어져가는 현실입니다.

   동대문구가 의미하는 인의 마을, 즉 효의 마을을 만들어, 효의 실천이 전국 방방곡곡으로 퍼져나가는 대표적인 구가 되면 좋겠습니다. 그 결과로 아름다운 인심이 꽃피는 제2의 고향을 만드는 꿈을 꾸어 봅니다.

왔을까, 아마 나에게 주어진 운명과도 밀접한 관계가 있는 것 같습니다.

나는 어릴 적 할머니의 손에서 자랐습니다. 그리고 큰 뜻을 품고 서울로 유학을 온 후 명예와 부가 인생의 목표인 양, 나를 키워주신 할머니는 잊고 지냈습니다.

그런데 1980년에 돌아가신 할머니께서 내가 대한적십자사에 재직 중이던 2003년 꿈에 나타나셨습니다. 그리고 빨리 병원에 가보라는 계시를 주셨습니다. 그 길로 암수술을 받은 후, 지금은 인공요루를 착용하는 장애인이 되었습니다. 만일 할머니께서 꿈에 나타나 병원에 가보라는 계시를 해주시지 않았다면, 나는 지금 이 세상에 존재하지 않을지도 모릅니다.

누구나 젊을 때는 큰 뜻을 가지고 삽니다. 자신의 목표에만 매달려 동분서주할 때는 자기를 있게 한 조부모님이나 부모님이 계속 사실 줄 알고, 그분들의 은혜를 잊기 일쑤입니다.

그러나 조상의 은덕을 잊고 효를 실행하지 않으면, 자신의 목표와 성공의 기회가 점점 더 멀어져 간다는 것을 나는 알고 있습니다. 도리를 잃은 사람에게 그런 것이 따라올 리가 없으며, 만약 그렇다면 세상은 더욱 더 불공평해지기 때문이죠.

대문호 톨스토이는 "더 나은 삶을 위해 자기희생을 하는 사람들에 의해서만, 인류 사회는 개선될 수 있습니다."라는 말을 남겼습니다.

다시 말해 조상들의 헌신적인 자기희생이 있었기에 후손인 우리는 더 행복한 삶을 살 수 있었고, 과거에 비해 풍족한 사회에서 살고 있습니다. 그래서 우리는 조상의 은덕을 가슴 깊이 새기고, 효의 마음을 잊지 말아야 할 것입니다.

53년 전 서울에 올라와서 대부분의 인생을 동대문구 제기동에서만 붙박이로 살다보니, 내가 살았던 제기동의 역사에도 관심이 갑니다.
　이곳에는 조선 제9대 임금 성종께서 신하들과 풍년을 기원하기 위해 하늘에 제사를 지내던 '선농단'이 있습니다. 또한 가을에는 하늘에 감사하는 마음으로 왕이 직접 벼를 베는 '관예례'도 선농단에서 치렀습니다.
　예전에는 선농단이 있던 곳을 '계터 마을'이라고 불렀으며, 제사를 지냈던 터라는 뜻의 '제터'가 변해서 '계터'로 되었습니다. '제사를 지냈던 터'를 한자로 쓰면 '제기(祭基)', 즉 제사 제(祭), 터 기(基)라고 합니다. 그래서 서울의 '제기동'은 '선농단을 쌓고 임금이 하늘에 제사를 지냈던 터'라는 뜻에서 생겨난 마을 이름입니다.

　나는 어릴 때 특히나 할머니의 극진한 사랑을 받고 자랐습니다. 그러나 살아계실 때 효를 못한 게 두고두고 마음의 한으로 남아 있습니다. 그래서 나에겐 매일 매일의 삶이 할머니께 지내는 제삿날이라 해도 과언이 아닙니다. 그래서인지 남들이 좋다는 국내외 명소를 방문하고 숙식을 해보아도, 내가 사는 제기동 같이 편안하고 안정된 곳을 찾지 못했습니다.
　아마도 그 이유는 내 이름이 영기(永基)라 '제사(祭) 지내는 터(基)에서 영구히(永) 터(基)를 지키라는 사명'이 주어진 것 같습니다. 그래서 나에게는 동대문구가 마음의 고향이자 제2의 고향이 되었습니다.

　지금은 공직에서 물러난 후 효와 행복에 관한 칼럼을 쓰고 강의를 하며, '효와 행복연구소'를 운영하고 있습니다. 나의 제2의 고향인 동대문구는 '동쪽'인 '인(仁)'에 해당합니다. 그래서 사람(人)의 도(道)인 효(孝)사업을 널리 알리고 싶습니다.
　이를 위해 '효경장학회'를 세워 날로 희미해지는 효 사상을 진작시키고